Otto Bion

Altenpflegeexamen

Fragen und Antworten zum mündlichen und schriftlichen Altenpflegeexamen

Band 4

Staatsbürgerkunde

Gesetzeskunde

Rechtskunde

Berufskunde

2. überarbeitete Auflage

Brigitte Kunz Verlag

58021 Hagen, Postfach 2147

Autor

Otto Bion
Lehrer für Kranken- und Altenpflege

1. Auflage 1992
2. überarbeitete Auflage 1994

© Brigitte Kunz Verlag, 58021 Hagen, Postfach 2147

Alle Rechte vorbehalten

Satz: Brigitte Kunz Verlag, Hagen
Druck: Domröse und Kreiß, Hagen

ISBN 3-89495-011-0

Inhaltsverzeichnis

Seite

Vorwort 4

I. Staatbürgerkunde 5

- Der Staat 5
- Internationale Beziehungen 14
- Geschichte der BRD 22
- Das Grundgesetz 24
- Die Organe der BRD 33
- Die Gesetzgebung 65
- Die Parteien 76
- Wirtschaftsordnung 78

II. Rechts- und Gesetzeskunde 83

- Allgemeine Rechtskunde 83
- Zivilrecht 94
- Strafrecht 117
- Sozialrecht 129
- Arbeitsrecht 153
- Gesundheitsrecht 163
- Heimrecht 176

III. Berufskunde 183

Vorwort

Die vielen Anfragen der Lehrgangsteilnehmer/innen nach einem kurz gefaßten Wiederholungsbuch zur mündlichen und schriftlichen Prüfungsvorbereitung, veranlaßten uns zum Schreiben dieser Buchreihe.

Mit diesem 4. Band steht den Lehrgangsteilnehmerinnen und Lehrgangsteilnehmern der Fachseminare für Altenpflege und den Altenpflegeschulen nunmehr ein vollständiger Fragenkatalog zur Vorbereitung auf die schriftliche und mündliche Abschlußprüfung zur Verfügung.

Jetzt kann das während der Ausbildung erworbene Wissen in kürzester Zeit überprüft, wiederholt und aufgefrischt werden.

Die Fragen und Antworten entsprechen dem geforderten Wissensstand und sind so gestaltet, daß sowohl der Lernende allein sein Wissen überprüfen, als auch von einer zweiten Person abgefragt werden kann. Es handelt sich zum Teil um Multiple-Choice-Fragen, Zuordnungsfragen und frei zu beantwortende Fragen.

Für die Durcharbeit dieses Heftes sowie für die Klassenarbeiten und das Examen wünsche ich Ihnen viel Erfolg.

Dezember 1993   Otto Bion

I. Staatsbürgerkunde

Der Staat

Frage 1
Definieren Sie den Begriff Staat:

Ein Staat ist ein organisierter Verband, der eine eigenständige hoheitliche Gewalt über ein Gebiet und die darin befindlichen Menschen ausübt.

Zum Staat gehören:

Staatsvolk
- das Staatsvolk bilden alle Personen mit gleicher Staatsangehörigkeit

Staatsgebiet
- das Staatsgebiet ist der gegen andere Staaten fest abgegrenzte Lebensraum des Staatsvolkes, in dem die Regierung ihre Hoheitsrechte ausübt
- das Staatsgebiet besteht aus drei Hoheitszonen
    - Gebietshoheit (Erdoberfläche und Erdinneres)
    - Hoheitsgewässer (Küstenstreifen von 12 Seemeilen)
    - Lufthoheit (ohne Weltall)

Staatsgewalt
- Staatsgewalt ist die Herrschaft über das Staatsvolk und das Staatsgebiet und besteht in
    - Gesetzgebung
    - Regierung
    - Rechtsprechung

Frage 2
Nennen Sie wichtige Aufgaben des Staates:

- Aufrechterhaltung der inneren und äußeren Sicherheit und Ordnung
- Betreiben von Wirtschafts- und Sozialpolitik
- Gesundheitsfürsorge
- Kulturpflege

Frage 3
Geben Sie eine kurze Übersicht über die verschiedenen Staats- und Regierungsformen:

Diktatur
Alleinherrschaft ohne demokratische Gewaltenkontrolle durch eine einzelne Person oder eine kleine Gruppe

- *Militärdiktatur*
  Staatsgewalt liegt bei einem ranghohen General oder einer kleinen Gruppe Offiziere

- *Parteidiktatur*
  Staatsgewalt wird von einer Partei ausgeübt

Monarchie
Herrschaft eines Monarchen (z.B. König, Kaiser, Zar)

- *Erbmonarchie*
  Macht wird innerhalb der Herrschaftsfamilie vererbt
- *Wahlmonarchie*
  Monarch wird vom Volk oder einem Wahlgremium zum Staatsoberhaupt auf Lebenszeit gewählt
- *absolute Monarchie*
  uneingeschränkte Herrschaft ohne Mitwirkungs- oder Kontrollorgane
- *konstitutionelle Monarchie:*
  Monarch ist durch die Verfassung an die Mitsprache des Parlamentes gebunden

- *parlamentarische Monarchie:*
  Monarch ist repräsentatives Staatsoberhaupt; Regierung ist dem Parlament verantwortlich, nicht dem Monarchen; Volkssouveränität

Republik
alle Staatsformen ohne monarchisches Staatsoberhaupt
Staatsoberhaupt (Präsident) wird vom Volk oder einem volksvertretenden Parlament auf bestimmte Zeit gewählt

- *unmittelbare Demokratie:*
  Volk entscheidet direkt über z.B. Gesetzesentwürfe

- *mittelbare oder repräsentative Demokratie:*
  das vom Volk gewählte Parlament entscheidet über die Wahl des Präsidenten und über die Gesetzgebung

Frage 4
Bei welcher Form der Monarchie ist das Staatsoberhaupt an das Parlament gebunden:

1) konstitutionelle Monarchie
2) absolute Monarchie
3) parlamentarische Monarchie

O A) 1+2;   O B) 1+2+3;   O C) 2+3;   O D) 1+3

Frage 5
Bei welcher Staatsform geht alle Gewalt vom Volke aus:

O A)   absolute Monarchie
O B)   Republik
O C)   Diktatur

| Frage 4 = D;   Frage 5 = B |

Frage 6
Welche Staatsform besitzt die Bundesrepublik Deutschland:

O A) konstitutionelle Monarchie
O B) Präsidialdemokratie
O C) parlamentarische Monarchie
O D) parlamentarische Demokratie

Frage 7
Bei den meisten Monarchien der heutigen Zeit handelt es sich um:

O A) parlamentarische Monarchien
O B) konstitutionelle Monarchien
O C) absolute Monarchien

Frage 8
Bei welcher Staatsform kann kein Monarch an der Spitze des Staates stehen:

O A) Diktatur
O B) Demokratie
O C) Republik
O D) Monarchie

Frage 9
Das deutsche Kaiserreich (1871-1918) war eine:

O A) Diktatur
O B) absolute Monarchie
O C) konstitutionelle Monarchie
O D) parlamentarische Monarchie
O E) parlamentarische Demokratie

Frage 6 = D;   Frage 7 = A;   Frage 8 = C;   Frage 9 = C

I. Staatsbürgerkunde/Der Staat

Frage 10
Ordnen Sie den Umschreibungen die passenden Begriffe zu:

Liste 1
1) Alleinherrschaft ohne demokratische Gewaltenkontrolle
2) ein vom Volk gewähltes Parlament entscheidet über die Wahl des Präsidenten
3) Monarch ist durch die Verfassung an die Mitsprache des Parlamentes gebunden

Liste 2
a) repräsentative Demokratie
b) Diktatur
c) konstitutionelle Monarchie

O A) 1c,2b,3a;   O B) 1a,2b,3c
O C) 1b,2a,3c;   O D) 1b,2c,3a

Frage 11
Nennen Sie die 3 Elemente des Staates:

- Staatsgewalt
- Staatsvolk
- Staatsgebiet

Frage 12
Erläutern Sie kurz den Begriff "Staatsgewalt":

- Herrschaft über Staatsvolk und -gebiet
- Träger der Staatsgewalt in der Demokratie ist das Volk
- ist die Macht, die der Staat zur Erfüllung seiner Aufgaben bedarf
- darunter versteht man z. B. Finanz-, Wehr-, Justizhoheit

Frage 10 = C

Frage 13
Die deutsche Staatsangehörigkeit:

O A) ist nach dem Abstammungsprinzip geregelt
O B) darf an ausländische Arbeitnehmer nicht verliehen werden
O C) wird entzogen, wenn man sich länger als 6 Monate im außereuropäischen Ausland aufhält
O D) verlieren deutsche Frauen bei Heirat mit einem Ausländer
O E) kann jederzeit entzogen werden

Frage 14
Welche Rechte sind mit dem Besitz der deutschen Staatsangehörigkeit verbunden:

- aktives Wahlrecht
- passives Wahlrecht
- Leistungsansprüche

Frage 15
Unter welchen Umständen verliert man die deutsche Staatsangehörigkeit:

1) nach Strafdelikten
2) auf Stellen eines Antrags
3) bei Verzicht (mehrfache Staatsangehörigkeit)
4) nach längerem Aufenthalt im Ausland
5) bei Erwerb einer anderen Staatsangehörigkeit

O A) 1+3+4;   O B) 3+4+5
O C) 2+3+5;   O D) 2+4+5

Frage 13 = A;   Frage 15 = C

I. Staatsbürgerkunde/Der Staat

Frage 16
Welche Pflichten sind mit dem Besitz der deutschen Staatsangehörigkeit verbunden:

- Steuerpflicht
- Wehrpflicht
- Treue- und Gehorsamspflicht dem Staat gegenüber
- Meldepflicht

Frage 17
Wie kann man die Staatsangehörigkeit der Bundesrepublik Deutschland erwerben:

1) durch Einbürgerung
2) durch Geburt
3) durch die Erteilung der Arbeitserlaubnis
4) durch die Erteilung einer Aufenthaltsgenehmigung

O A) 1+2;   O B) 3+4;   O C) 2+4;   O D) 1+2+3

Frage 18
Was legt der Artikel 20 des Grundgesetzes der Bundesrepublik Deutschland fest:

1) Menschenrechte
2) Volkssouveränität
3) Gesetzgebungsnotstand
4) Grundsatz der Gewaltenteilung

O A) 1+2;   O B) 3+4;   O C) 2+4;   O D) 1+3+4

Frage 17 = A;   Frage 18 = C

Frage 19
Was sagt der Grundsatz der Gewaltenteilung aus:

- Teilung der Staatsmacht in drei im Prinzip unabhängige Teilgewalten
- gegenseitige Kontrolle der drei Teilgewalten untereinander zur Verhinderung von Machtkonzentration bzw. -mißbrauch

Frage 20
Nennen Sie die 3 Gewalten:

Gesetzgebende Gewalt (= Legislative)
beschließen Gesetze
- Bundesebene   = Bundestag und Bundesrat
- Länderebene   = Parlamente der Länder
- Kreisebene   = Kreistag
- Gemeindeebene = Stadträte bzw. Gemeinderäte

Vollziehende (ausführende) Gewalt (= Exekutive)
führen Gesetze aus
- Bundesebene   = Bundesregierung mit Bundeskanzler und Bundesministern
                 = Bundesbehörden
- Länderebene   = Landesregierung mit Ministerpräsident und Ministern
                 = Landesbehörden
- Kreisebene   = Landrat
                 = Kreisverwaltung
- Gemeindeebene = Bürgermeister oder Gemeindedirektor
                 = Stadtverwaltung oder Gemeindeverwaltung

Rechtsprechende Gewalt (= Judikative)
Rechtsprechung nach den gültigen Gesetzen
- Bundesebene   = Bundesgerichete
- Länderebene   = Ländergerichte
- Kreisebene   = Amtsgerichte / Landgerichte
- Gemeindeebene = Amtsgerichte

Frage 21
Ordnen Sie die jeweilige Gewalt der für sie zuständigen Institution zu:

Liste 1
1) rechtsprechende Gewalt (Judikative, Judikation)
2) ausführende Gewalt (Exekutive)
3) gesetzgebende Gewalt (Legislative)

Liste 2
a) Gericht
b) Parlament
c) Regierung und Verwaltung

O A) 1a, 2b, 3c;   O B) 1b, 2c, 3a;   O C) 1a, 2c, 3b

Frage 22
Auf welchen Staatsphilosophen geht der Grundsatz der Gewaltenteilung zurück:

O A) Montesquieu
O B) Rousseau
O C) Aristoteles

Frage 23
Unter "Gewaltenteilung" versteht man die Trennung von:

O A Bundesgrenzschutz, Bundeswehr und Polizei
O B Kanzleramt, Innenministerium und Außenministerium
O C Gesetzgebung, Verwaltung und Rechtsprechung
O D Bund, Länder und Gemeinden

Frage 21 = C;   Frage 22 = A;   Frage 23 = C

Internationale Beziehungen

Frage 24
Nennen Sie die 3 Gemeinschaften der Europäischen Gemeinschaft (EG), und erläutern Sie kurz ihre Zielsetzungen:

Europäische Wirtschaftsgemeinschaft (EWG)
- Annäherung der Wirtschaftspolitik der Mitgliedstaaten
- gemeinsame Handelspolitik gegenüber Drittländern

Europäische Gemeinschaft für Kohle und Stahl (EGKS, früher Montanunion)
- Errichtung eines gemeinsamen Marktes für Kohle und Stahl

Europäische Atomgemeinschaft (EURATOM)
- Förderung, Koordinierung und Kontrolle der Kernforschung und der Kern-Industrie

Frage 25
Nennen Sie die Organe der Europäischen Gemeinschaft:

Europäisches Parlament
- keine Gesetzgebung
- kontrolliert die Kommission
- Beratungsfunktion
- Mitsprache bei EG-Haushalt

Ministerrat
- gesetzgebendes Organ
- Vertretung der Regierungen der Mitgliedsstaaten

Kommission
- ausführendes Organ

Europäischer Gerichtshof
- Auslegung des EG-Rechts

Frage 26
Wie setzt sich das Europäische Parlament zusammen:

O A) die Abgeordneten werden von den Regierungen der Mitgliedsstaaten delegiert
O B) die Abgeordneten werden auf der Ebene der einzelnen Mitgliedsstaaten für 5 Jahre direkt gewählt
O C) die Abgeordneten werden vom Ministerrat berufen

Frage 27
Welche der unten genannten Staaten gehören der Europäischen Gemeinschaft an:

1) Italien
2) Griechenland
3) Frankreich
4) Österreich
5) Schweden
6) Bundesrepublik Deutschland
7) Polen
8) Spanien

O A) 3+5+6+8;   O B) 1+2+3+6;   O C) 2+3+4+5+8;   O D) 1+2+3+6+8

Frage 28
Nennen Sie die Aufgaben der Vereinten Nationen (UNO):

- weltweite Friedenssicherung
- Verbesserung des Lebensstandards aller Menschen
- Sicherung des Selbstbestimmungsrechts der Völker
- Wahrung der Menschenrechte

Frage 26 = B;   Frage 27 = D

Frage 29
Ordnen Sie zu:

Liste 1
1) Ministerrat
2) Europäisches Parlament
3) Europäischer Gerichtshof
4) Kommission

Liste 2
a) Judikativorgan
b) Exekutiv- und Initiativorgan
c) Legislativorgan
d) Beratungs- und Kontrollorgan

O A) 1c, 2d, 3a, 4b;   O B) 1d, 2c, 3a, 4b;   O C) 1c, 2b, 3a, 4d

Frage 30
Welche Angaben treffen auf die Europäische Gemeinschaft zu:

1) es gibt eine Europäische Kommission
2) es gibt eine Europäische Regierung
3) die Europäische Kommission hat ihren Sitz in Brüssel
4) das Europäische Parlament hat seinen Sitz in Straßburg
5) der Ministerrat ist das oberste Beschlußorgan
6) die "gemeinsame Kommission" führt die Beschlüsse des Ministerrates aus

O A) 1+3+4+5+6;   O B) 1+2+4+5+6;   O C) 1+3+4+5

Frage 29 = A;   Frage 30 = A

Frage 31
Nennen Sie die Organe der Vereinten Nationen:

- Generalsekretariat
- Treuhandschaftsrat
- Wirtschafts- und Sozialrat (ECOSOC)
- Sicherheitsrat
- Generalversammlung
- Internationaler Gerichtshof

Frage 32
Ordnen Sie zu:

Liste 1
1) Sicherheitsrat
2) Treuhandschaftsrat
3) Wirtschafts- und Sozialrat

Liste 2
a) beaufsichtigt die Verwaltung der Treuhandgebiete (z.B. frühere Kolonien)
b) sein Aufgabengebiet umfaßt Wirtschaft, Sozialwesen, Erziehung, Kultur und Gesundheit
c) entscheidet über Maßnahmen zur Friedenserhaltung

O A) 1c, 2a, 3b;   O B) 1a, 2c, 3b;   O C) 1c, 2b, 3a

Frage 33
Seit wann ist die Bundesrepublik Deutschland Mitglied der Vereinten Nationen:

O A)   1955
O B)   1962
O C)   1973

Frage 32 = A;   Frage 33 = C

Frage 34
Welche der folgenden Aussagen über die Vereinten Nationen sind richtig:

1) die Weltgesundheitsorganisation (WHO) ist eine Sonderorganisation der Vereinigten Nationen
2) die Vereinigten Nationen sind eine Unterorganisation des Nordatlantikpaktes
3) der Internationale Gerichtshof hat seinen Sitz in Den Haag
4) die Vereinigten Nationen sind ein Zusammenschluß aller Staaten der Erde
5) das Generalsekretariat hat seinen Sitz in New York
6) der Generalsekretär leitet das Generalsekretariat

O A) 1+2+4+5+6;   O B) 1+3+5+6;   O C) 2+3+5+6;   O D) 3+4+5+6

Frage 35
Nennen Sie die Aufgaben der Weltgesundheitsorganisation:

- Seuchenbekämpfung
- ärztliche Hilfe für Entwicklungsländer
- Forschung im Bereich der Medizin

Frage 36
Bei welchem der folgenden Staatenbunde handelt es sich um einen militärischen Zusammenschluß:

O A)   UNO
O B)   NATO
O C)   COMECON
O D)   EG

Frage 34 = B;   Frage 36 = B

I. Staatsbürgerkunde/Inernationale Beziehungen

Frage 37
Welche der folgenden Staaten sind ständige Mitglieder im Sicherheitsrat:

1) Volksrepublik China
2) USA
3) Rußland
4) Kanada
5) Japan
6) Italien
7) Großbritannien
8) Frankreich
9) Bundesrepublik Deutschland

O A) 2+3+7+8+9;   O B) 2+3+9
O C) 1+2+3+7+8;   O D) 1+2+3+4+7+8

Frage 38
Welche der folgenden Aussagen sind in Bezug auf die Weltgesundheitsorganisation richtig:

1) die Weltgesundheitsorganisation wird nur durch Spenden finanziert
2) die Weltgesundheitsorganisation wird aus Beiträgen der Mitgliedsstaaten, Mitteln der Vereinten Nationen und Sonderfonds finanziert
3) der Gründungstag der Weltgesundheitsorganisation (7. April) gilt als Weltgesundheitstag
4) die Weltgesundheitsorganisation ist eine internationale Organisation des Entwicklungsdienstes

O A) 1+3;   O B) 2+3;   O C) 2+3+4;   O D) 1+3+4

Frage 37 = C;   Frage 38 = C

Frage 39
Ordnen Sie zu:

Liste 1
1) Organisation der Amerikanischen Staaten zur Sicherung und Erhaltung des Friedens (1948)
2) Verteidigungsbündnis für den südost-asiatischen Raum (1954)
3) Handels- und Wirtschaftspolitischer Zusammenschluß von Luxemburg, Niederlande, Belgien (1945)
4) Organisation für wirtschaftliche Zusammenarbeit und Entwicklung (1960)
5) internationaler Zusammenschluß für die Erhaltung des Friedens, die Erhaltung der Menschenrechte und die Förderung der internationalen Zusammenarbeit (1945)
6) Übernationale Gemeinschaft der Westeuropäischen Staaten zur Errichtung eines gemeinsamen Marktes (1957)
7) Nordatlantisches Verteidigungsbündnis (1949)

Liste 2
a) NATO
b) EG
c) UNO
d) SEATO
e) BENELUX
f) OECD
g) OAS

O A) 1g,2d,3e,4f,5c,6b,7a;   O B) 1d,2g,3e,4f,5a,6b,7c
O C) 1e,2f,3d,4g,5c,6b,7a;   O D) 1a,2e,3b,4f,5c,6g,7d

Frage 40
Wo ist der Sitz der Vereinten Nationen (UN)

O A) Genf
O B) Washington
O C) New York

Frage 39 = A;   Frage 40 = C

Frage 41
Ordnen Sie den Organisationen die entsprechenden Abkürzungen zu:

Liste 1
1) Weltgesundheitsorganisation
2) UN-Organisation für Erziehung, Wissenschaft und Kultur
3) UN-Kinderhilfswerk

Liste 2
a) UNICEF
b) WHO
c) UNESCO

O A) 1c, 2b, 3a;   O B) 1b, 2c, 3a;   O C) 1b, 2a, 3c

Frage 42
Welches der nachfolgenden Ziele hat nichts mit der EG zu tun?

O A) Freizügigkeit der Arbeitsplätze
O B) militärische Verteidigung Westeuropas
O C) Koordination der Wirtschaftspolitik

Frage 43
Ordnen Sie den Organen der Europäischen Gemeinschaft ihren Sitz zu:

Liste 1
1) Europäisches Parlament
2) Ministerrat
3) Kommission
4) Europäischer Gerichtshof

Liste 2
a) Luxemburg
b) Straßburg
c) Brüssel

O A) 1b, 2c, 3c, 4a;   O B) 1b, 2a, 3c, 4a;   O C) 1c, 2a, 3b, 4c

Frage 41 = B;   Frage 42 = B;   Frage 43 = A

Geschichte der BRD

Frage 44
Nennen Sie einige wichtige Daten zur Geschichte der BRD nach 1945:

1945 Kapitulation = Ende des 2. Weltkrieges (8. Mai)
1945 Aufteilung Deutschlands in vier Besatzungszonen (sowjetische, amerikanische, britische und französische)
1949 aus den drei westlichen Besatzungszonen und Westberlin wird durch Verkündigung des Grundgesetzes die Bundesrepublik Deutschland (BRD) mit Regierungssitz in Bonn
1949 die sowjetische Besatzungszone wird zur Deutschen Demokratischen Republik (DDR) mit Regierungssitz in Ostberlin
1949 Wahl zum ersten deutschen Bundestag (August 1949)
1951 Die Bundesrepublik Deutschland wird zum gleichberechtigten Mitglied im Europarat
1955 die Bundesrepublik wird Mitglied der NATO
1961 Mauerbau in Berlin und an der Westgrenze der DDR
1973 die Bundesrepublik wird Mitglied der UNO
1989 die DDR öffnet am 9. November unter dem Druck der Bevölkerung die Mauer
1990 erste freie Wahlen in der DDR (18. März)
1990 die Volkskammer der DDR beschließt den Beitritt zur Bundesrepublik Deutschland (3. Oktober)
1990 erste freie Wahlen im vereinten Deutschland (2. Dezember)

Frage 45
Welches Ereignis fand am 23. Mai 1949 statt:

O A) Wahl zum ersten Bundestag der Bundesrepublik Deutschland
O B) Proklamation der Deutschen Demokratischen Republik
O C) Verkündigung des Grundgesetzes

Frage 45 = C

Frage 46
Wann kapitulierte die deutsche Wehrmacht bedingungslos:

O A) 8. Mai 1945
O B) 24 Juni 1948
O C) 23. Mai 1949

Frage 47
Wann öffnete die Deutsche Demokratische Republik "die Mauer":

O A) 18. Oktober 1989
O B) 9. November 1989
O C) 3. Oktober 1990

Frage 48
Was geschah am 3. Oktober 1990:

O A) "die Mauer" fällt
O B) deutsche Wiedervereinigung
O C) erste gesamtdeutsche Bundestagswahlen

Frage 49
Wann fanden die ersten gesamtdeutschen freien Wahlen nach 1945 statt:

O A) am 3. Dezember 1989
O B) am 18. März 1990
O C) am 3. Oktober 1990
O D) am 2. Dezember 1990

Frage 46 = A;   Frage 47 = B;   Frage 48 = B;   Frage 49 = D

Das Grundgesetz

Frage 50
Von wann ist das Grundgesetz und was beinhaltet es:

Das Grundgesetz wurde vom Parlamentarischen Rat am 8.5.1949 beschlossen und ist die demokratische Verfassung der Bundesrepublik Deutschland.

Das Grundgesetz besteht aus der Einleitung (Präambel) und den Artikeln 1-46, die in die nachfolgenden 11 Abschnitte unterteilt sind:

1. Grundrechte
2. Der Bund und die Länder
3. Der Bundestag
4. Der Bundesrat
5. Der Bundespräsident
6. Die Bundesregierung
7. Die Gesetzgebung des Bundes
8. Die Ausführung der Bundesgesetze und die Bundesverwaltung
9. Die Rechtsprechung
10. Das Finanzwesen
11. Übergangs- und Schlußbestimmungen

Frage 51
Welche Grundrechte garantiert das Grundgesetz:

Art. 1 (Menschenwürde)
- Die Würde des Menschen ist unantastbar. Sie zu achten und zu schützen ist Verpflichtung aller staatlichen Gewalt.

Art. 2 (Freiheitsrecht)
- Jeder hat das Recht auf die freie Entfaltung seiner Persönlichkeit.
- Die Freiheit der Person ist unverletzlich.

Art. 3 (Gleichheit vor dem Gesetz)
- Alle Menschen sind vor dem Gesetz gleich.

Art. 4 (Glaubens-, Gewissens- und Bekenntnisfreiheit)
- Die Freiheit des Glaubens, des Gewissens und die Freiheit des religiösen und weltanschaulichen Bekenntnisses sind unverletzlich.

- Die ungestörte Religionsausübung wird gewährleistet.
- Niemand darf gegen sein Gewissen zum Kriegsdienst mit der Waffe gezwungen werden.

Art. 5 *(Meinungs- und Pressefreiheit; Freiheit der Kunst und der Wissenschaft)*
- Jeder hat das Recht, seine Meinung in Wort, Schrift und Bild frei zu äußern und zu verbreiten, und sich aus allgemein zugänglichen Quellen ungehindert zu unterrichten.

Art. 6 *(Ehe und Familie)*
- Ehe und Familie stehen unter dem besonderen Schutz der staatlichen Ordnung.
- Pflege und Erziehung der Kinder sind das natürliche Recht der Eltern.
- Den unehelichen Kindern sind durch die Gesetzgebung die gleichen Bedingungen für ihre leibliche und seelische Entwicklung und ihre Stellung in der Gesellschaft zu schaffen wie den ehelichen Kindern.

Art. 7 *(Schulwesen)*
- Das gesamte Schulwesen steht unter der Aufsicht des Staates.
- Die Erziehungsberechtigten haben das Recht, über die Teilnahme des Kindes am Religionsunterricht zu bestimmen.

Art. 8 *(Versammlungsfreiheit)*
- Alle Deutschen haben das Recht, sich ohne Anmeldung oder Erlaubnis friedlich und ohne Waffen zu versammeln.
- Für Versammlungen unter freiem Himmel kann dieses Recht durch Gesetz oder auf Grund eines Gesetzes beschränkt werden.

Art. 9 *(Vereinigungsfreiheit)*
- Alle Deutschen haben das Recht, Vereine und Gesellschaften zu bilden.

Art. 10 *(Brief-, Post- und Fernmeldegeheimnis)*
- Das Briefgeheimnis sowie das Post- und Fernmeldegeheimnis sind unverletzlich.

Art. 11 *(Freizügigkeit)*
- Alle Deutschen genießen Freizügigkeit im ganzen Bundesgebiet.
- Dieses Recht darf nur durch Gesetz eingeschränkt werden.

Art. 12 *(Freiheit der Berufswahl)*
- Alle Deutschen haben das Recht, Beruf, Arbeitsplatz und Ausbildungsstätte frei zu wählen.

Art. 12a *(Wehr- und Dienstpflicht)*
- Männer können vom vollendeten achtzehnten Lebensjahr an zum Dienst in den Streitkräften, im Bundesgrenzschutz oder in einem Zivilschutzverband verpflichtet werden.
- Wer aus Gewissensgründen den Kriegsdienst mit der Waffe verweigert, kann zu einem Ersatzdienst verpflichtet werden.

Art. 13 *(Unverletzlichkeit der Wohnung)*
- Die Wohnung ist unverletzlich.

Art. 14 *(Eigentum und Enteignung)*
- Das Eigentum und das Erbrecht werden gewährleistet. Inhalt und Schranken werden durch die Gesetze bestimmt.

Art. 15 *(Sozialisierung)*
- Grund und Boden, Naturschätze und Produktionsmittel können zum Zwecke der Vergesellschaftung durch ein Gesetz, das Art und Ausmaß der Entschädigung regelt, in Gemeineigentum oder in andere Formen der Gemeinwirtschaft überführt werden.

Art. 16 *(Staatsangehörigkeit, Auslieferung, Asylrecht)*
- Die deutsche Staatsangehörigkeit darf nicht entzogen werden. Der Verlust der Staatsangehörigkeit darf nur auf Grund eines Gesetzes und gegen den Willen des Betroffenen nur dann eintreten, wenn der Betroffene dadurch nicht staatenlos wird.
- Kein Deutscher darf an das Ausland ausgeliefert werden.
- Politisch Verfolgte genießen Asylrecht.

Art. 17 *(Petitionsrecht)*
- Jedermann hat das Recht, sich einzeln oder in Gemeinschaft mit anderen schriftlich mit Bitten oder Beschwerden an die zuständigen Stellen und an die Volksvertreter zu wenden.

Art. 18 *(Verwirkung von Grundrechten)*
- Wer die Freiheit der Meinungsäußerung, die Lehrfreiheit, die Versammlungsfreiheit, die Vereinigungsfreiheit, das Brief-, Post- und Fernmeldegeheimnis, das Eigentum oder das Asylrecht zum Kampfe gegen die freiheitliche demokratische Grundordnung mißbraucht, verwirkt diese Grundrechte.

Art. 19 *(Einschränkung von Grundrechten)*
- Soweit nach dem Grundgesetz ein Grundrecht durch Gesetz oder auf Grund eines Gesetzes eingeschränkt werden kann, muß das Gesetz allgemein und nicht nur für den Einzelfall gelten. Außerdem muß das Gesetz das Grundrecht unter Angabe des Artikels nennen.

Frage 52
Welche der folgenden Aussagen treffen für das Grundgesetz zu:

O A) Grundgesetz ist eine andere Bezeichnung für das Bürgerliche Gesetzbuch (BGB)
O B) das Grundgesetz hat für die Bundesrepublik Deutschland Verfassungsrang
O C) das Grundgesetz wurde am 23. Mai 1947 verkündet

Frage 53
Warum trägt die Verfassung der Bundesrepublik Deutschland die Bezeichnung Grundgesetz:

O A) es gibt keinen besonderen Grund
O B) auf Vorbehalt der alliierten Besatzungsmächte
O C) um den provisorischen Charakter der Verfassung bis zur Wiedervereinigung darzustellen

Frage 54
Wann trat das Grundgesetz der Bundesrepublik Deutschland in Kraft:

O A) 1989
O B) 1945
O C) 1949

Frage 52 = B;   Frage 53 = C;   Frage 54 = C

Frage 55
Welche verfassungsmäßige Ordnung ist im Grundgesetz festgeschrieben (Art. 20 GG):

- Demokratie
- Sozialstaat
- Bundesstaat
- Republik
- Rechtsstaat

Frage 56
Ordnen Sie die Begriffe ihren Definitionen zu:

Liste 1
1) Sozialstaat
2) Republik
3) Demokratie
4) Rechtsstaat
5) Bundesstaat

Liste 2
a) die staatliche Kompetenz ist zwischen dem Zentralstaat und seinen Gliederstaaten aufgeteilt
b) Grundgedanke ist die Volkssouveränität
c) eine nicht-monarchische Staatsform
d) staatliche Organisation nach den Ideen der Rechtssicherheit und Freiheit
e) Staat ist Garant für soziale Sicherheiten

O A) 1e, 2b, 3c, 4d, 5a;
O B) 1e, 2c, 3b, 4d, 5a;
O C) 1e, 2c, 3d, 4a, 5b;
O D) 1d, 2b, 3e, 4a, 5a

Frage 56 = B

Frage 57
Was enthalten die Artikel 1 bis 19 des Grundgesetzes:

O A) die Präambel
O B) die Grundrechte
O C) Bestimmungen über Bund und Länder
O D) Bestimmungen über die Rechtsprechung

Frage 58
Von wem wurde das Grundgesetz ausgearbeitet:

O A) durch die Besatzungsmächte
O B) durch die Ministerpräsidenten der Länder
O C) durch den parlamentarischen Rat
O D) durch die vom Volk gewählte verfassungsgebende Nationalversammlung

Frage 59
Die Grundrechte des Menschen:

1) sind durch die Notstandsgesetzgebung außer Kraft gesetzt
2) gelten für alle Bürger der Bundesrepublik Deutschland
3) binden Legislative, Exekutive und Judikative als unmittelbar geltendes Recht
4) dürfen von der absoluten Mehrheit der Mitglieder des deutschen Bundestages auch in ihrem Wesensgehalt geändert werden

O A) 1+2;   O B) 2+3;   O C) 3+4;   O D) 1+3;   O E) 2+4

Frage 57 = B;   Frage 58 = C;   Frage 59 = B

Frage 60
Welche Bedeutung haben die Grundrechte für den Bürger:

O A) alle staatlichen Organe sind an die Grundrechte gebunden; bei Verletzung der Grundrechte kann der Bürger den Rechtsweg beschreiten
O B) die Grundrechte sind für den Staat nicht bindend; sie haben lediglich den Charakter von Empfehlungen

---

Frage 61
Was bedeutet die Unterscheidung der Grundrechte in Menschenrechte und Bürgerrechte:

O A) es besteht kein sachlicher Unterschied
O B) auf Menschenrechte kann sich jedermann berufen, die Bürgerrechte hingegen gelten nur für deutsche Staatsangehörige

---

Frage 62
Eine Einschränkung der Grundrechte ist nur zulässig:

1) wenn die Prinzipien des Artikel 1 des Grundgesetzes nicht verletzt werden
2) durch ein Gesetz oder auf Grund eines Gesetzes (Gesetzesvorrang)
3) wenn dies in dem zu ändernden Artikel ausdrücklich für zulässig erklärt ist

O A) 1+2;   O B) 2+3;   O C) 1+3

Frage 60 = A;   Frage 61 = B;   Frage 62 = A

I. Staatsbürgerkunde/Das Grundgesetz

Frage 63
Wann kann ein im Grundgesetz verankertes Grundrecht nur geändert werden:

O A)   durch einstimmigen Beschluß des Bundestages
O B)   durch Zweidrittelmehrheit in Bundestag und Bundesrat
O C)   durch Zweidrittelmehrheit in der Bundesversammlung
O D)   durch einfache Mehrheit in Bundestag und Bundesrat
O E)   durch einfachen Mehrheitsbeschluß im Bundestag

Frage 64
Welche Rechte werden durch das Grundgesetz garantiert:

1) Versammlungsfreiheit
2) Recht auf körperliche Unversehrtheit
3) Recht auf freie Berufs-, Arbeitsplatz- und Ausbildungsstättenwahl
4) Recht auf Eigentum
5) Recht auf Leistungen der Sozialversicherungen

O A) 1+3+5;   O B) 2+4;   O C) 1+2+3
O D) 1+2+3+4;   O E) 2+3+4+5

Frage 65
Wem wird durch das Grundgesetz eine besondere Rolle in der politischen Willensbildung zugewiesen:

O A)   den Bürgerinitiativen
O B)   den Interessenverbänden
O C)   den politischen Parteien
O D)   den Wohlfahrtsverbänden
O E)   den Gewerkschaften

Frage 63 = B;   Frage 64 = D;   Frage 65 = C

Frage 66
Welche der folgenden Merkmale gehören zu einem Rechtsstaat:

1) Unabhängigkeit der Richter und Gerichte
2) es gilt eine Verfassung
3) die Staatsgewalt ist an das Recht gebunden
4) der Bürger kann den Staat verklagen
5) die Grund- und Menschenrechte gelten nur für die eigenen Staatsangehörigen

O A) 1+2+3;   O B) 1+2+3+4;   O C) 1+3+4+5;   O D) 1+2+3+5

Frage 67
Welche Grundrechte können durch das Bundesseuchengesetz eingeschränkt werden:

1) Recht auf Meinungsfreiheit
2) Recht auf Unverletzlichkeit der Wohnung
3) Recht auf Versammlungsfreiheit
4) Recht auf freie Religionsausübung

O A) 1+2;   O B) 2+3;   O C) 3+4;   O D) 1+3+4

Frage 66 = B;   Frage 67 = B

Die Organe der BRD

Frage 68
Nennen Sie die Organe der Bundesrepublik Deutschland und ihre wichtigsten Aufgaben:

Bundestag
- der Bundestag ist die gesetzgebende Gewalt (Legislative) der Bundesrepublik Deutschland
- die Mitglieder (Abgeordneten) des Bundestages sind die Vertreter des deutschen Volkes und werden auf vier Jahre gewählt
- die Abgeordneten beschließen die Bundesgesetze und wählen auf Vorschlag des Bundespräsidenten den Bundeskanzler

Bundesrat
- der Bundesrat ist die Ländervertretung der Bundesrepublik
- die Mitglieder (3-6 pro Land) bestehen aus 68 Vertretern der Länderregierungen
- der Bundesrat hat Mitspracherecht bei der Gesetzgebung und Verwaltung des Bundes
- der Bundesratspräsident wird im jährlichen Wechsel gewählt und vertritt den Bundespräsidenten bei dessen Abwesenheit

Bundespräsident
- der Bundespräsident ist das Staatsoberhaupt der Bundesrepublik Deutschland
- der Bundespräsident wird von der Bundesversammlung für 5 Jahre gewählt
- der Bundespräsident vertritt die Bundesrepublik völkerrechtlich
- der Bundespräsident ernennt und entläßt den Bundeskanzler, die Minister, Richter, Bundeswehroffiziere und Bundesbeamten

Bundesregierung
- die Bundesregierung besteht aus dem Bundeskanzler und den Bundesministern
- die Bundesregierung ist die oberste ausführende Gewalt (Exekutive) der Bundesrepublik Deutschland

Bundeskanzler
- Regierungschef der Bundesrepublik Deutschland

- der Bundeskanzler bestimmt die Richtlinien der Politik
- der Bundeskanzler wird auf Vorschlag des Bundespräsidenten vom Bundestag für 4 Jahre gewählt

Bundesminister
- Bundesminister sind Mitglieder der Bundesregierung und leiten ihren Geschäftsbereich in Eigenverantwortung (z.B. Außenministerium, Innenministerium)
- die Bundesminister werden vom Bundeskanzler vorgeschlagen und vom Bundespräsidenten ernannt

Bundesversammlung
- die Bundesversammlung setzt sich aus den Mitgliedern des Bundestages und einer gleichen Anzahl Vertreter der Parlamente der Bundesländer zusammen
- die Bundesversammlung tritt nur zur Wahl des Bundespräsidenten zusammen

Bundesverfassungsgericht
- die Mitglieder (Richter) des Bundesverfassungsgerichtes werden je zur Hälfte vom Bundestag und Bundesrat für höchstens 12 Jahre gewählt
- das Bundesverfassungsgericht entscheidet bei Auslegungsschwierigkeiten des Grundgesetzes, bei Meinungsverschiedenheiten zwischen Bund und Ländern sowie bei Verletzungen des Grundgesetzes durch ein Organ der Staatsgewalt

---

Frage 69
Der Staatsaufbau der Bundesrepublik Deutschland von unten nach oben ist wie folgt gegliedert:

O A)   Kreis, Regierungsbezirk, Gemeinde, Land, Bund
O B)   Kreis, Gemeinde, Land, Regierungsbezirk, Bund
O C)   Gemeinde, Regierungsbezirk, Kreis, Land, Bund
O D)   Gemeinde, Kreis, Regierungsbezirk, Land, Bund
O E)   Gemeinde, Land, Kreis, Regierungsbezirk, Bund

Frage 69 = D

I. Staatsbürgerkunde/Organe der BRD

Frage 70
Ordnen Sie die Aussagen zu:

Liste 1
1) Bundesstaat
2) Staatenbund

Liste 2
a) die Mitglieder sind selbständige Staaten
b) einzelne Gebietsteile sind zusammengeschlossen, aber mit jeweils weitgehender Selbständigkeit
c) Staaten stehen gleichberechtigt nebeneinander
d) einzelne Gebietsteile (Bundesländer) haben eine eigene Gesetzgebung, Regierung und Verwaltung
e) die einzelnen Staaten übertragen Teile ihrer Aufgaben zwecks Zielerreichung auf gemeinsame Organe

O A) 1a,d; 2b,c,e;   O B) 1b,d; 2a,c,e;   O C) 1b,e; 2a,c,d

Frage 71
Die Bundesrepublik Deutschland ist ein Bundesstaat. Welche Aussage zum Bundesstaat ist richtig:

O A) jedes Bundesland hat seine eigene Vertretung im Ausland
O B) die Bundesregierung hat bei Gesetzesänderungen der Länder beratende Funktion
O C) alle Bundesländer haben in allen Bereichen die gleichen Gesetze
O D) die Bundesländer haben einen Teil ihrer Souveränität an den Bund übergeben
O E) die Regierungen der einzelnen Bundesländer haben ausschließlich die Anordnung der Zentralregierung zu befolgen

---

Frage 70 = B;   Frage 71 = D

Frage 72
Welche Aussagen sind richtig:

1) die Länder haben das Recht der Gesetzgebung, soweit das Grundgesetz diese Befugnis nicht dem Bund verleiht
2) der Bund hat das ausschließliche Recht der Gesetzgebung
3) der Bundeskanzler kann nicht abgewählt werden
4) jedes Bundesland hat seine eigene Verfassung, die mit dem Grundgesetz in Einklang stehen muß
5) die Bundesregierung besteht aus dem Bundeskanzler und den Bundesministern

O A) 2+4;   O B) 1+3+5;   O C) 1+4+5;   O D) 2+4+5

Frage 73
Wer hat in der Bundesrepublik Deutschland des Recht, Banknoten zu drucken und in Umlauf zu bringen:

O A)   die Landeszentralbank
O B)   die Bundesregierung
O C)   das Bundesfinanzministerium
O D)   die Deutsche Bundesbank

Frage 74
Aus wievielen Bundesländern besteht die Bundesrepublik Deutschland:

O A)   12
O B)   16
O C)   18

Frage 72 = C;   Frage 73 = D;   Frage 74 = B

I. Staatsbürgerkunde/Organe der BRD

Frage 75
Ordnen Sie den 16 Bundesländern die richtige Landeshauptstadt zu:

Liste 1

1) Schleswig-Holstein
2) Hamburg
3) Niedersachsen
4) Bremen
5) Mecklenburg-Vorpommern
6) Brandenburg
7) Berlin
8) Nordrhein-Westfalen
9) Sachsen-Anhalt
10) Hessen
11) Baden-Württemberg
12) Rheinland-Pfalz
13) Sachsen
14) Saarland
15) Thüringen
16) Bayern

Liste 2

a) Hamburg
b) Mainz
c) Kiel
d) Magdeburg
e) Potsdam
f) Dresden
g) Saarbrücken
h) Hannover
i) Düsseldorf
j) Stuttgart
k) Erfurt
l) Wiesbaden
m) Bremen
n) Berlin
o) München
p) Schwerin

O A) 1h, 2a, 3c, 4m, 5p, 6e, 7n, 8i, 9d, 10l, 11j, 12b, 13f, 14g, 15k, 16o

O B) 1c, 2a, 3h, 4m, 5p, 6e, 7n, 8i, 9d, 10b, 11j, 12l, 13f, 14g, 15k, 16o

O C) 1c, 2a, 3h, 4m, 5k, 6e, 7n, 8i, 9d, 10l, 11j, 12b, 13f, 14g, 15p, 16o

O D) 1c, 2a, 3h, 4m, 5p, 6e, 7n, 8i, 9d, 10l, 11j, 12b, 13f, 14g, 15k, 16o

O E) 1c, 2a, 3h, 4m, 5p, 6e, 7n, 8i, 9d, 10f, 11j, 12b, 13l, 14g, 15k, 16o

---

Frage 75 = D

Frage 76
Wie heißt die Volksvertretung (das Parlament) der Bundesrepublik Deutschland:

O A) Bundesgerichtshof
O B) Bundeskabinett
O C) Bundesregierung
O D) Bundesversammlung
O E) Bundestag
O F) Bundesrat

Frage 77
Nennen Sie die Aufgaben des Bundestages:

- besitzt Gesetzesinitiative
- berät Gesetzesvorlagen
- beschließt die Bundesgesetze
- setzt den Haushalt fest
- wählt den Bundeskanzler
- ist bei der Wahl des Bundespräsidenten beteiligt
- kontrolliert die Bundesregierung
- kontrolliert die Verwaltung
- Möglichkeit des Mißtrauensvotums gegen den Kanzler

Frage 78
Wer wählt die Bundestagsabgeordneten:

O A) der Bundespräsident
O B) der Bundesrat
O C) das Volk

Frage 76 = E;   Frage 78 = C

I. Staatsbürgerkunde/Organe der BRD

Frage 79
Wieviele Mitglieder hat der deutsche Bundestag:

O A)   144
O B)   518
O C)   656

Frage 80
Für welchen Zeitraum werden die Abgeordneten des deutschen Bundestages gewählt:

O A)   drei Jahre
O B)   vier Jahre
O C)   fünf Jahre

Frage 81
Auf welchen Gebieten hat der Bundestag keine Gesetzgebungsbefugnis:

1) Innenpolitik
2) Landwirtschaft
3) Kultur, Bildung, Schule
4) Außenpolitik
5) Wirtschaft, Soziales
6) Wissenschaft
7) Kommunales
8) Verteidigung

O A) 1+7;   O B) 3+7;   O C) 3+6+7;   O D) 2+4+5+8

Frage 79 = C;   Frage 80 = B;   Frage 81 = B

Frage 82
Der Bundestag:

1) wählt die Bundesminister
2) ist das gesetzgebende Organ der einzelnen Bundesländer
3) hat eine Legislaturperiode von 4 Jahren
4) wird in allgemeiner, unmittelbarer, freier, gleicher und geheimer Wahl gewählt

O A) 1+3; O B) 2+4; O C) 3+4

Frage 83
Welche Aussagen zur Bundestagswahl sind zutreffend:

1) das Wahlsystem ist eine Mehrheitswahl
2) wählbar ist, wer volljährig und mindestens 1 Jahr Deutscher ist
3) eine Briefwahl ist möglich
4) jeder Wähler hat eine Erst-, Zweit- und Drittstimme
5) Wahlberechtigt ist, wer am Wahltag das 18. Lebensjahr vollendet hat
6) jeder Wähler hat eine Erst- und Zweitstimme

O A) 2+3+5+6;   O B) 2+5+6;   O C) 2+3+6
O D) 1+2+3+6;   O E) 2+3+4+5

Frage 84
Bei den Bundestagswahlen haben Sie 2 Stimmen. Wen können Sie mit diesen beiden Stimmen wählen:

O A) zwei Parteien
O B) zwei Direktbewerber
O C) einen Direktbewerber und eine Partei
O D) eine Partei und den Bundeskanzler

| Frage 82 = C; | Frage 83 = A; | Frage 84 = C |

Frage 85
Ordnen Sie den Begriffen der Liste 1 die entsprechenden Begriffe der Liste 2 zu:

Liste 1
1) jede Stimme aller Wähler hat den gleichen Wert
2) der Wähler kann ohne Zwang, Drohung oder sonstige Beeinflussung wählen
3) die Wahlentscheidung des einzelnen Wählers darf nicht festgestellt werden
4) es wird nicht über Wahlmänner oder Delegierte gewählt, sondern direkt
5) jeder Staatsbürger, egal welcher Konfession, Rasse, Bildung oder welchen Geschlechts, darf wählen

Liste 2
a) geheime Wahl
b) freie Wahl
c) gleiche Wahl
d) allgemeine Wahl
e) unmittelbare Wahl

O A) 1a, 2b, 3d, 4c, 5d
O B) 1d, 2b, 3a, 4e, 5c
O C) 1c, 2b, 3a, 4e, 5d

Frage 86
Über welchen Zeitraum erstreckt sich eine Legislaturperiode:

O A) drei Jahre
O B) vier Jahre
O C) fünf Jahre

Frage 85 = C;   Frage 86 = B

Frage 87
Ordnen Sie die Definitionen aus Liste 1 den Mehrheitsbegriffen in Liste 2 zu:

Liste 1
1) erforderlich, z.B. bei der Wahl des Bundespräsidenten und seiner Stellvertreter, des Bundeskanzlers, bei der Vertrauensfrage, bei einem konstruktiven Mißtrauensvotum
2) erforderlich bei Grundgesetzänderungen, für die Feststellung des Verteidigungsfalles, für eine Anklage des Bundespräsidenten vor dem Verfassungsgericht
3) mehr Ja- als Nein-Stimmen

Liste 2
a) absolute Mehrheit
b) Zweidrittel-Mehrheit
c) einfache oder relative Mehrheit

O A) 1a, 2b, 3c; O B) 1b, 2c, 3a; O C) 1c, 2a, 3b

Frage 88
Zu den Aufgaben des Bundestages gehören:

1) Ernennen der Minister
2) Beratung und Beschluß von Gesetzen
3) Wahl des Bundespräsidenten
4) Wahl des Bundeskanzlers
5) Wahl des Bundestagspräsidenten
6) Wahl des Bundesratspräsidenten
7) Ernennung von Beamten

O A) 1+2+3;   O B) 2+3+4+5;   O C) 2+4+5;   O D) 4+5+7

Frage 87 = A;   Frage 88 = C

Frage 89
Mit welchen Wahlgrundsätzen wählt das deutsche Volk die Abgeordneten des Bundestages:

1) unmittelbar
2) gleich
3) mittelbar
4) öffentlich
5) unfrei
6) beschränkt
7) frei
8) geheim
9) ungleich
10) allgemein

O A) 2+3+7+8;   O B) 1+2+8+10;   O C) 1+2+7+8+10

Frage 90
Was sagen die Wahlrechtsgrundsätze aus:

O A) die Abgeordneten werden in allgemeiner, freier, gleicher und geheimer Wahl gewählt
O B) die Abgeordneten sind an Weisungen oder Aufträge ihrer Partei bzw. ihrer Wähler nicht gebunden
O C) jeder deutsche Staatsbürger, der sein 18. Lebensjahr vollendet hat und einen ständigen Wohnsitz in der BRD nachweisen kann, ist wahlberechtigt

---

Frage 89 = C;   Frage 90 = A

Frage 91
Nach welchem Wahlsystem wird der deutsche Bundestag gewählt:

Die Wahl ist eine Mischung aus Mehrheitswahl und Verhältniswahl. Die Hälfte der Abgeordneten wird aus den 328 Wahlkreisen direkt gewählt (Mehrheitswahl). Dieses geschieht mit der Erststimme. Die andere Hälfte der Abgeordneten wird über Landeslisten indirekt gewählt (Verhältniswahl). Dieses geschieht mit der Zweitstimme.

Frage 92
Ordnen Sie dem Wahlsystem die Wahlgrundsätze zu:

Liste 1
1) Verhältniswahl
2) Mehrheitswahlrecht

Liste 2
a) das Wahlgebiet ist gegliedert in Wahlkreise; in seinem Wahlkreis wählt der Wähler unter mehreren Kandidaten einen aus; der Kandidat, der die Mehrheit der Stimmen erlangt, ist gewählt; man spricht auch von einer Persönlichkeitswahl, da die Wahl von der Persönlichkeit des jeweiligen Kandidaten abhängt
b) der Wähler wählt eine Partei; die Mandate der einzelnen Parteien werden im Verhältnis der Stimmen verteilt; man spricht von einer Listenwahl, da die Parteien auf Listen die Reihenfolge der in Frage kommenden Kandidaten festgelegt haben

O A) 1a, 2b;   O B) 1b, 2a

Frage 92 = B

Frage 93
Was ist ein Überhangmandat:

Die 656 Sitze im Bundestag werden zur Hälfte über die Erststimme und zur Hälfte über die Zweitstimme besetzt. Ein Überhangmandat entsteht, wenn eine Partei in den Wahlkreisen mehr Sitze erhält als ihr aufgrund der Listenstimmen zustehen. Dann wird die Zahl der Abgeordneten des Bundestages um die Anzahl der Überhangmandate erhöht.

Frage 94
Ordnen Sie zu:

Liste 1
1) aktiv wahlberechtigt
2) passiv wahlberechtigt

Liste 2
a) heißt, man darf als Wähler an den Bundestagswahlen teilnehmen
b) ist jeder, der das 18. Lebensjahr vollendet hat und seit mindestens drei Monaten vor dem Wahltag einen ständigen Wohnsitz in der Bundesrepublik Deutschland nachweisen kann und seit mindestens einem Jahr die deutsche Staatsangehörigkeit besitzt (bei Soldaten, Beamten und Richtern kann dieses Wahlrecht beschränkt werden)
c) heißt, man darf als Abgeordneter in den Bundestag gewählt werden
d) ist jeder deutsche Staatsbürger, der das 18. Lebensjahr vollendet hat und seit mindestens drei Monaten vor dem Wahltag einen ständigen Wohnsitz in der Bundesrepublik Deutschland nachweisen kann

O A) 1a,d; 2b,c;   O B) 1a,b; 2c,d
O C) 1b,c; 2a,d;   O D) 1c,d; 2a,b

Frage 94 = A

Frage 95
Wie kann die aktive und passive Wahlberechtigung eingeschränkt werden:

1) durch ein richterliches Urteil
2) durch Entmündigung
3) wegen geistiger Versehrtheit

O A) 1+2;   O B) 1+3;   O C) 1+2+3

Frage 96
Wer wählt den Bundestagspräsidenten:

O A) das Volk
O B) der Bundeskanzler
O C) die Mitglieder des Bundestages
O D) die Mitglieder des Bundesrates

Frage 97
Welche Aussagen treffen auf die Person des Bundestagspräsidenten zu:

1) er bestimmt die Richtlinien der Politik
2) er besitzt des Hausrecht über den deutschen Bundestag
3) schlägt dem Bundespräsidenten die Bundesminister zur Ernennung vor
4) er besitzt innerhalb des Bundestagsgebäudes Polizeigewalt
5) hat die Führung der Geschäfte inne

O A) 1+2+5;   O B) 2+3+5;   O C) 2+4+5;   O D) 2+3+4+5

Frage 95 = C;   Frage 96 = C;   Frage 97 = C

Frage 98
Ordnen Sie die Organe ihrer Besetzung zu:

Liste 1
1) Bundespräsident mit vier Vertretern
2) Präsidium und Vertreter der Fraktionen
3) 16 Mitglieder des Bundestages und 16 Mitglieder des Bundesrates
4) 656 vom Volk gewählte Abgeordnete
5) die Hälfte der Abgeordneten des Bundestages und die gleiche Anzahl Vertreter der Bundesländer

Liste 2
a) Bundestag
b) Vermittlungsausschuß
c) Bundesversammlung
d) Ältestenrat des Bundestages
e) Präsidium des Bundestages

O A) 1c, 2a, 3b, 4e, 5d
O B) 1e, 2d, 3b, 4a, 5c
O C) 1b, 2d, 3e, 4a, 5c

Frage 99
Nennen Sie die Organe des Bundestages:

1) Der Präsident
2) Die Bürgerschaft
3) Das Präsidium
4) Die Ausschüsse
5) Der Senat
6) Der Ältestenrat

O A) 1+3+4+6;   O B) 1+2+3+4;   O C) 2+3+4+6

Frage 98 = B;   Frage 99 = A

Frage 100
Welche Aufgabe hat der Petitionsausschuß:

O A) die Wahl der Bundesminister
O B) die Ernennung der Bundesminister
O C) Behandlung der an den Bundestag gerichteten Bitten und Beschwerden
O D) Mitwirkung bei der Gesetzgebung und Verwaltung

Frage 101
Welche Aussagen sind richtig:

1) die Staatsangehörigkeit kann in bestimmten Fällen vom Bundespräsidenten entzogen werden
2) Jedermann hat das Recht sich in schriftlicher Form mit Bitten oder Beschwerden an die Volksvertretung zu wenden (Petitionsausschuß)
3) die Mitglieder des Bundestages gelten als Vertreter des ganzen Volkes
4) der Bundestagspräsident ernennt die Bundesminister
5) die Verhandlungen des Bundestages sind bis auf Ausnahmen öffentlich

O A) 1+2+5;   O B) 2+3+5;   O C) 2+3+4+5

Frage 100 = C;   Frage 101 = B

Frage 102
Was besagt der Artikel 46 des Grundgesetzes:

Immunität
- Ein Abgeordneter des Bundestages darf wegen einer mit Strafe bedrohten Handlung nur mit Genehmigung des Bundestages zur Verantwortung gezogen oder verhaftet werden. Dieser Grundsatz gilt nicht, wenn der Abgeordnete auf frischer Tat oder im Laufe des folgenden Tages festgenommen wird.

Indemnität
- Ein Abgeordneter des Bundestages darf zu keiner Zeit wegen seiner Abstimmung oder wegen einer Äußerung, die er im Bundestag oder in einem seiner Ausschüsse getan hat, gerichtlich oder dienstlich zur Verantwortung gezogen werden. Dieser Grundsatz gilt nicht bei verleumderischen Beleidigungen.

Frage 103
Ordnen Sie die Aussagen den richtigen Begriffen zu:

Liste 1
1) Indemnität; 2) Immunität

Liste 2
a) ein Abgeordneter des Bundestages darf wegen einer mit Strafe bedrohten Handlung nur mit Genehmigung des Bundestages zur Verantwortung gezogen oder verhaftet werden; dieser Grundsatz gilt nicht, wenn der Abgeordnete auf frischer Tat oder im Laufe des folgenden Tages festgenommen wird

b) ein Abgeordneter des Bundestages darf zu keiner Zeit wegen seiner Abstimmung oder wegen einer Äußerung, die er im Bundestag oder in einem seiner Ausschüsse getan hat, gerichtlich oder dienstlich zur Verantwortung gezogen werden; dieser Grundsatz gilt nicht bei verleumderischen Beleidigungen

O A) 1b; 2a
O B) 1a; 2b;

Frage 103 = A

Frage 104
Ordnen Sie zu:

Liste 1
1) Mehrheit der abgegebenen Stimmen
2) nötig zur Änderung eines Grundgesetzes
3) Mehrheit der Mitgliederzahl des Bundestages

Liste 2
a) Qualifizierte Mehrheit
b) 2/3-Mehrheit
c) einfache Mehrheit

O A) 1a, 2b, 3c;   O B) 1a, 2c, 3b;   O C) 1c, 2b, 3a

Frage 105
Was ist der Bundesrat:

Der Bundesrat ist die Ländervertretung der Bundesrepublik, zusammengesetzt aus Vertretern der Länderregierungen.

Frage 106
Wer bestellt die Bundesratsmitglieder:

Die Mitglieder des Bundesrates werden von den einzelnen Ländern, je nach Stimmenanzahl, bestellt und abgerufen. Sie werden also <u>nicht</u> in den Bundesrat gewählt.

Frage 104 = C

Frage 107
Wie ist der Bundesrat besetzt:

O A) die Stimmenverteilung des Bundesrates ist der Sitzverteilung des Bundestages angeglichen
O B) je nach Einwohnerzahl besitzt ein Bundesland zwischen drei und sechs Stimmen für den Bundesrat
O C) jedes Bundesland besitzt im Bundesrat zwei Stimmen

Frage 108
Welche Aussagen sind richtig:

1) die Mitglieder des Bundesrates werden vom Volk gewählt
2) die Bundesratsmitglieder besitzen ein freies Mandat
3) die Bundesratsmitglieder sind an die Entscheidungen der Landesregierung gebunden
4) die Mitglieder des Bundesrates werden von den Länderregierungen eingesetzt

O A) 1+2;   O B) 1+3;   O C) 3+4;   O D) 2+4

Frage 109
Wieviel Mitglieder hat der deutsche Bundesrat und wieviele der Bundestag:

Liste 1
1) Bundestag
2) Bundesrat

Liste 2
a) 68 Mitglieder
b) 656 Mitglieder

O A) 1a, 2b;   O B) 1b, 2a

Frage 107 = B;   Frage 108 = C;   Frage 109 = B

Frage 110
Welche Aufgabe hat der Bundesrat:

- der Bundesrat wirkt als Ländervertretung bei der Gesetzgebung und Verwaltung des Bundes mit

---

Frage 111
Wieviele Stimmen hat ein Bundesland im Bundesrat:

- die Stimmenanzahl eines Bundeslandes richtet sich nach der jeweiligen Einwohnerzahl (mindestens 3, höchstens 6 Stimmen)
- so besitzt Nordrhein-Westfalen sechs, Bremen nur drei Stimmen
- die Stimmen für ein Bundesland müssen einheitlich abgegeben werden

---

Frage 112
Wie wird der Bundesratspräsident gewählt:

O A) er wird aus den Zweitstimmen der Bundestagswahl ermittelt
O B) vom Bundesrat wird ein Ministerpräsident (Regierungschef eines Bundeslandes) für die Dauer eines Jahres als Präsident gewählt
O C) der Bundeskanzler ernennt den Bundesratspräsidenten

Frage 112 = B

I. Staatsbürgerkunde/Organe der BRD

Frage 113
Welche Aussagen über den Bundesrat und seinen Präsidenten sind richtig:

1) ein Ministerpräsident wird auf ein Jahr zum Bundesratspräsidenten gewählt
2) der Bundespräsident ist gleichzeitig Bundestags- und Bundesratspräsident
3) der Bundesratspräsident ist gleichzeitig der Vertreter des Bundespräsidenten
4) der Bundesrat verhandelt öffentlich
5) der Bundesrat ist die Ländervertretung auf Bundesebene
6) allein der Bundesrat kann Gesetze beschließen
7) der Bundesrat wählt den Bundespräsidenten

O A) 1+3+4+5;   O B) 2+4+6+7;   O C) 1+3+6;   O D) 2+4+5+7

Frage 114
Der Inhaber welchen Amtes ist das Staatsoberhaupt der Bundesrepublik Deutschland:

O A)   Bundeskanzler
O B)   Bundespräsident
O C)   Bundestagspräsident
O D)   Bundesratspräsident

Frage 115
Wer war der erste deutsche Bundespräsident:

O A)   Konrad Adenauer
O B)   Theodor Heuß
O C)   Ludwig Erhard
O D)   Heinrich Lübke

| Frage 113 = A; | Frage 114 = B; | Frage 115 = B |

Frage 116
Welche Aufgaben hat der Bundespräsident:

- er vertritt die Bundesrepublik Deutschland völkerrechtlich
- er schließt mit auswärtigen Staaten Verträge
- Empfang ausländischer Botschafter und Gesandter
- Beglaubigung deutscher Diplomaten im Ausland
- Verkündigung des Verteidigungsfalls
- er ernennt und entläßt Bundesbeamte, Bundesrichter und Offiziere
- er hat das Begnadigungsrecht inne
- Ausfertigung und Verkündung der vom Bundestag beschlossenen Gesetze
- er schlägt den Bundeskanzler vor
- er ernennt den Bundeskanzler und die Bundesminister
- er erklärt in bestimmten Fällen den Gesetzgebungsnotstand

Frage 117
Wer wählt den Bundespräsidenten:

O A) alle wahlberechtigten Staatsbürger
O B) der Bundestag
O C) die Bundesversammlung
O D) der Bundesrat
O E) der Bundeskanzler

Frage 118
Wer kann Bundespräsident werden:

O A) jeder Deutsche, der das 40. Lebensjahr vollendet hat und im Besitz der bürgerlichen Ehrenrechte ist
O B) jeder Bundestags- oder Bundesratsabgeordnete, der das 40. Lebensjahr vollendet hat
O C) jeder ehemalige Bundeskanzler

Frage 117 = C;   Frage 118 = A

Frage 119
Welche Aussagen über die Bundesversammlung sind richtig:

1) die Bundesversammlung hat nur die Aufgabe den Bundespräsidenten zu wählen
2) sie ist das gesetzgebende Organ der Bundesrepublik Deutschland
3) Ihre Mitglieder werden vom Volk direkt gewählt
4) sie setzt sich zusammen aus den Bundestagsmitgliedern und einer gleichen Anzahl von Vertretern der Länderparlamente
5) die Bundesversammlung wählt den Bundespräsidenten, -kanzler und dessen Minister

O A) 1+3;   O B) 2+4+5;   O C) 1+4;   O D) 2+3+5

Frage 120
Auf wie lange Zeit wird der Bundespräsident gewählt:

1) auf 4 Jahre (die Dauer einer Legislaturperiode)
2) auf 5 Jahre
3) auf Lebenszeit
4) eine Wiederwahl ist ausgeschlossen
5) nur eine unmittelbare Wiederwahl ist erlaubt
6) eine generelle Wiederwahl ist zulässig

O A) 1+4;   O B) 1+5;   O C) 1+6;   O D) 2+4
O E) 2+5;   O F) 2+6;   O G) 3+4

Frage 119 = C;   Frage 120 = E

Frage 121
Wer vertritt im Falle seiner Verhinderung den Bundespräsidenten:

O A) der Bundeskanzler
O B) der Bundestagspräsident
O C) der Bundesratspräsident
O D) der extra für solche Fälle gewählte Stellvertreter

Frage 122
Wie wird der Bundespräsident gewählt:

- der Bundespräsident wird von der Bundesversammlung gewählt
- die Bundesversammlung setzt sich aus den Mitgliedern des Bundestages und einer gleichen Anzahl von Delegierten, die von den Volksvertretungen der Länder gewählt werden, zusammen
- er wird ohne Aussprache gewählt
- gewählt ist, wer die Stimmen der Mehrheit auf sich vereinigt
- ist diese Mehrheit nach 2 Wahlgängen nicht erreicht, so reicht in einem dritten Wahlgang eine einfache Mehrheit

Frage 123
Welche Befugnisse hat der Bundespräsident:

1) Ernennung von Bundestagsabgeordneten
2) Ausfertigung von Gesetzen
3) völkerrechtliche Vertretung der Bundesrepublik Deutschland
4) Begnadigungsrecht
5) Oberbefehlshaber der Bundeswehr im Verteidigungsfall

O A) 1+2;   O B) 1+2+3;   O C) 2+4+5
O D) 2+3+5;   O E) 2+3+4

Frage 121 = C;   Frage 123 = E

I. Staatsbürgerkunde/Organe der BRD

Frage 124
Welche Aussagen treffen auf den Bundespräsidenten zu:

1) der Bundespräsident darf nicht der Regierung angehören
2) er besitzt Immunität
3) der Bundespräsident kann nur einmal unmittelbar wiedergewählt werden
4) der Bundespräsident gehört der Regierung an
5) der Bundespräsident darf keiner gesetzgebenden Körperschaft angehören (Inkompatibilität)
6) er ist Staatsoberhaupt der Bundesrepublik
7) hat hauptsächlich repräsentative Aufgaben inne
8) er darf keiner politischen Partei angehören und auch keine Ehrenämter bekleiden

O A) 1+2+3+6+8;   O B) 1+3+5+7+8;   O C) 1+2+3+5+6+7
O D) 2+4+6+8;   O E) 3+4+5+6+7+8

Frage 125
Der Bundespräsident:

1) wird von der Bundesversammlung gewählt
2) bestimmt die Richtlinien der Politik
3) kann sich unbegrenzt zur Wiederwahl stellen
4) kann nur einmal direkt wiedergewählt werden
5) muß mindestens 21 Jahre alt sein

O A) 1+2;   O B) 1+4;   O C) 3+5;   O D) 1+2+4

| Frage 124 = C;   Frage 125 = B |

Frage 126
Wer kann keine Gesetzesvorlage in den Bundestag einbringen:

O A) Bundesregierung
O B) Bundespräsident
O C) Bundestag
O D) Bundesrat

Frage 127
Von wem werden Bundesgesetze ausgefertigt:

O A) von dem jeweils zuständigen Minister
O B) vom Justizminister
O C) vom Bundespräsidenten
O D) vom Bundesratspräsidenten
O E) vom Bundeskanzler

Frage 128
Nennen Sie die Aufgaben der Bundesregierung:

- Einbringung von Gesetzesvorlagen in den Bundestag
- Vorlage der Gesetzesvorlagen des Bundesrates an den Bundestag mit entsprechender Stellungnahme
- Antragsrecht auf Erklärung des Gesetzgebungsnotstandes
- Verordnungsrecht im Rahmen ihrer Zuständigkeit
- Aufsicht über Ausführung der Bundesgesetze durch die Länder
- Erlaß allgemeiner Verwaltungsvorschriften

Frage 126 = B;   Frage 127 = C

I. Staatsbürgerkunde/Organe der BRD

Frage 129
Wie setzt sich das Kabinett (Bundesregierung) zusammen:

Bundeskanzler
- er gibt die Richtlinien der Politik vor
- er allein ist für die Politik verantwortlich
- er leitet die Geschäfte der Regierung nach der von ihm beschlossenen Geschäftsordnung, die vom Bundespräsidenten genehmigt werden muß

Bundesminister
- sie leiten anhand der Richtlinien des Kanzlers selbständig ihre jeweiligen Geschäftsbereiche (z.B. Auswertiges, Inneres, Finanzen...)
- tragen für diesen Geschäftsbereich die Verantwortung

Frage 130
Wie wird der Bundeskanzler gewählt:

- Kandidatenvorschlag des Bundespräsidenten
- Bundeskanzler ist, wer die qualifizierte Mehrheit erhält
- Ernennung durch den Bundespräsidenten

Frage 131
Die Bundesminister werden:

1) vom Bundestag gewählt
2) vom Bundeskanzler ernannt
3) vom Bundeskanzler vorgeschlagen
4) vom Bundespräsidenten ernannt

O A) 1+2;   O B) 2+3;   O C) 3+4;   O D) 1+3+4

Frage 131 = C

Frage 132
Die Mitglieder der Bundesregierung:

1) werden auf Vorschlag des Bundeskanzlers vom Bundespräsidenten ernannt
2) werden vom Bundestag gewählt
3) werden direkt vom Volk gewählt
4) verlieren ihr Amt mit dem Zusammenschluß eines neuen Bundestages
5) können vom Bundesrat abgewählt werden
6) können vom Bundestag einzeln abgewählt werden

O A) 1+4;   O B) 2+6;   O C) 3+5

Frage 133
Der Bundeskanzler:

1) wird auf 4 Jahre gewählt
2) bestimmt die Richtlinien der Politik
3) ist Vorsitzender des Bundesrates
4) schlägt dem Bundespräsidenten die Bundesminister zur Ernennung vor
5) wird von der Bundesversammlung gewählt
6) wird vom Bundespräsidenten vertreten
7) vertritt den Bundespräsidenten bei dessen Abwesenheit

O A) 1+2+4;   O B) 2+3+4+6;   O C) 1+2+5+7

Frage 132 = A;   Frage 133 = A

I. Staatsbürgerkunde/Organe der BRD

Frage 134
Welche Aussagen zu den Bundesministern sind richtig:

1) sie werden vom Bundeskanzler ernannt und entlassen
2) sie werden vom Bundeskanzler vorgeschlagen
3) sie werden vom Bundespräsidenten ernannt und entlassen
4) sie werden vom Bundespräsidenten vorgeschlagen
5) ihre Amtsperiode endet mit dem Zusammentritt eines neuen Bundestages
6) Anzahl und Geschäftsbereich der Minister wird vom Kanzler festgesetzt
7) die Regierung besteht aus 15 Ministern
8) sie können vom Bundespräsidenten auf Veranlassung des Kanzlers entlassen werden

O A) 1+4+5+7;   O B) 2+3+5+6+8
O C) 2+3+7+8;   O D) 1+4+5+6+8

Frage 135
Was ist ein konstruktives Mißtrauensvotum:

O A) die Mehrheit des Bundestages ersucht den Bundespräsidenten den Kanzler zu entlassen und einen neuen Kandidaten vorzuschlagen, der dem Bundestag dann zur Wahl steht
O B) die Mehrheit des Bundestages spricht dem Kanzler ihr Mißtrauen aus, wählt einen neuen Kandidaten und ersucht den Bundespräsidenten den Kanzler zu entlassen und den gewählten Kandidaten zum neuen Bundeskanzler zu ernennen
O C) die Mehrheit des Bundestages spricht dem Kanzler ihr Mißtrauen aus, daraufhin übernimmt der Bundestagspräsident die Regierungsgeschäfte, bis zur Wahl eines neuen Bundeskanzlers

---

Frage 134 = B;   Frage 135 = B

Frage 136
Nennen Sie die Aufgaben des Bundesverfassungsgerichtes:

- Das Bundesverfassungsgericht soll sicherstellen, daß alle Entscheidungen der drei Staatsgewalten mit den Bestimmungen der Verfassung übereinstimmen. Das Bundesverfassungsgericht entscheidet also über:

    - die Verwirklichung der Grundrechte

    - die Auslegung des Grundgesetzes

    - Verfassungsbeschwerden

    - die Verfassungswidrigkeit von Parteien

    - Anklagen gegen den Bundespräsidenten von seiten des Bundestages oder des Bundesrates

    - Meinungsverschiedenheiten über Rechte und Pflichten des Bundes und der Länder

    - bei Zweifeln über die Vereinbarkeit von niederrangigem mit höherrangigem Recht (Landesrecht mit Bundesrecht mit Verfassungsrecht)

Frage 137
Wie ist das Bundesverfassungsgericht aufgebaut:

- zwei Senate bestehend aus je acht Richtern

- die Richter müssen das 40. Lebensjahr vollendet haben

- sie dürfen nicht dem Bundestag, dem Bundesrat, der Bundesregierung oder einem entsprechendem Organ eines Bundeslandes angehören

- ihre Amtszeit beträgt 12 Jahre; höchstens bis zum 68. Lebensjahr

- keine Wiederwahl

Frage 138
Wer wählt die Richter des Bundesverfassungsgerichtes:

O A) die Mitglieder des Bundestages und eine gleiche Anzahl Vertreter aus den Bundesländern wählen die beiden Senate
O B) der Bundesrat und ein 12-köpfiger Wahlmännerausschuß, gewählt vom Bundestag, wählen je die Hälfte der Richter eines Senates
O C) 16 Mitglieder des Bundestages und 16 Mitglieder des Bundesrates (Vermittlungsausschuß) wählen je einen Senat

Frage 139
Ordnen Sie zu:

Liste 1
1) Bundesregierung
2) Bundestag
3) Bundesverfassungsgericht

Liste 2
a) ausführende Gewalt
b) gesetzgebende Gewalt
c) rechtsprechende Gewalt

O A) 1a, 2b, 3c;   O B) 1c, 2b, 3a;   O C) 1c, 2a, 3b

Frage 138 = B;   Frage 139 = A

Frage 140
Welche Aussagen über das Bundesverfassungsgericht sind richtig:

1) besteht aus einem Senat mit 10 Richtern
2) es ist das höchste Gericht in der Bundesrepublik Deutschland
3) es ist von allen anderen in der Verfassung festgeschriebenen Organen unabhängig
4) ist zusammengesetzt aus Mitgliedern des Bundestages und aus Mitgliedern des Bundesrates

O A) 1+2+4; O B) 2+3; O C) 2+3+4

Frage 141
Ordnen Sie die Umschreibungen den entsprechenden Institutionen zu:

Liste 1
1) zuständig für öffentlich-rechtliche Streitigkeiten als letzte Instanz; gewährt dem Bürger Rechtsschutz im Verhältnis zu den Verwaltungsbehörden
2) letztinstanzliches oberstes Bundesgericht für Zivil- und Strafsachen
3) höchstes Gericht des Bundes; selbständig und unabhängig; Entscheidungen über Grundgesetzstreitigkeiten, über Rechte und Pflichten des Bundes und der Länder und über Streitigkeiten zwischen Bund und Ländern

Liste 2
a) Bundesgerichtshof
b) Bundesverwaltungsgericht
c) Bundesverfassungsgericht

O A) 1a, 2b, 3c; O B) 1c, 2b, 3a
O C) 1c, 2a, 3b; O D) 1b, 2a, 3c

Frage 140 = B; Frage 141 = D

Die Gesetzgebung

Frage 142
Nennen Sie verschiedene Arten von Gesetzen:

Verfassungsändernde Gesetze
- das sind alle Gesetze, die die Verfassung, also das Grundgesetz, ändern oder ergänzen

Einfache Gesetze
- das sind alle übrigen Gesetze
- diese Gruppe unterteilt sich nochmals in Einspruchs- und Zustimmungsgesetze

Einspruchsgesetze:
- Gesetze, die nicht der Zustimmung des Bundesrates bedürfen; bei denen aber von Seiten des Bundesrates der Vermittlungsausschuß angerufen werden kann

zustimmungsbedürftige Gesetze
- Gesetze, die der ausdrücklichen Zustimmung des Bundesrates bedürfen, da sie die staatliche Grundordnung berühren oder für die Bundesländer besondere Bedeutung haben; bei denen aber von Seiten des Bundestages oder der Bundesregierung der Vermittlungsausschuß angerufen werden kann

---

Frage 143
Wer ist berechtigt einen Gesetzesentwurf in den Bundestag einzubringen:

- Die Bundesregierung
- Der Bundesrat
- 5% der Mitglieder des Bundestages

Frage 144
Über jede Gesetzesvorlage beschließt der Bundestag in drei Lesungen. Was ist Inhalt der jeweiligen Lesung:

1. Lesung
- Aussprache über politische Notwendigkeit und Weiterleitung an die Bundestagsausschüsse

2. Lesung
- Vorlage der durch die Ausschüsse geänderten Gesetzesvorlagen
- Aussprache und Beratung

3. Lesung
- Allgemeine Aussprache
- Einzelaussprache über Änderungsanträge
- Schlußabstimmung (Zustimmung oder Ablehnung des Gesetzesentwurfes)

Frage 145
Wie wird aus einer Gesetzesvorlage nach erfolgreicher Schlußabstimmung im Bundestag ein Bundesgesetz:

Einfache Gesetze
- erfolgen ohne Zustimmung des Bundesrates
- Gesetz wird durch den Bundespräsidenten ausgefertigt und im Bundesgesetzblatt verkündet

Zustimmungsbedürftige Gesetze
- Beratung und Beschlußfassung im Bundesrat
- bei Zustimmung des Bundesrates wird das Gesetz durch den Bundespräsidenten ausgefertigt und im Bundesgesetzblatt verkündet
- bei Ablehnung des Bundesrates wird der Gesetzentwurf an den Vermittlungsausschuß weitergeleitet

Frage 146
Was ist der Vermittlungsausschuß:

- setzt sich zusammen aus 16 Mitgliedern des Bundestages und 16 Mitgliedern des Bundesrates
- tritt zusammen, wenn bei einem Gesetz der Bundesrat Einspruch erhebt oder wenn bei einem Zustimmungsgesetz der Bundestag oder die Bundesregierung Einspruch erheben
- soll zwischen Bundesrat und Bundestag zur Einigung über einen Gesetzentwurf vermitteln
- ist der Vermittlungsausschuß für die Änderung eines Gesetzesvorschlags, so muß der Bundestag erneut über den Gesetzentwurf beschließen

Frage 147
Wie wird ein Gesetz beschlossen:

ohne Einspruch
- sofort nach Verabschiedung des Gesetzentwurfs durch den Bundestag

mit Einspruch des Bundesrates (Einspruchsgesetz) bzw. des Bundestages oder der Bundesregierung (Zustimmungsgesetz)

- Vorschlag zur Änderung vom Vermittlungsausschuß
  - der Gesetzentwurf geht zurück an den Bundestag zur erneuten Beschließung
- kein Vorschlag zur Änderung vom Vermittlungsausschuß
  - Gesetzentwurf wird nochmals dem Bundesrat vorgelegt; nimmt der Rat den Gesetzentwurf nun an, kann er ausgefertigt werden; erhebt der Bundesrat weiterhin Einspruch kann der Bundestag den Einspruch abweisen; tut der Bundestag dieses, kann der Gesetzesvorschlag ausgefertigt werden; weißt der Bundestag den Einspruch nicht ab, ist der Gesetzentwurf gescheitert

Frage 148
Nennen Sie zwei unterschiedliche Arten der Gesetzgebung:

- die ordentliche Gesetzgebung
- die Notstandsgesetzgebung (bei innerem oder äußerem Notstand)

Frage 149
Was versteht man unter der sogenannten Notstandsgesetzgebung:

- im Fall des inneren oder äußeren Notstandes tritt ein beschleunigtes Gesetzgebungsverfahren in Kraft
- Gesetzgebendes Organ ist der "Gemeinsame Ausschuß", der zu 2/3 aus Mitgliedern des Bundestages und zu 1/3 aus Mitgliedern des Bundesrates zusammengesetzt ist
- innerer Notstand = Naturkatastrophen, nukleare Unglücksfälle oder Gefährdung der inneren Ordnung
- äußerer Notstand = Verteidigungs- oder Bündnisfall

Frage 150
Auf was ist bei Änderung des Grundgesetzes zu achten:

- dem Gesetzentwurf muß mit 2/3-Mehrheit im Bundestag und im Bundesrat zugestimmt werden
- das Gesetz muß ausdrücklich beinhalten, daß es den Wortlaut des Grundgesetzes ändert bzw. ergänzt
- ein Gesetz, das den Artikel 1 GG und den Artikel 20 GG ändert, ist unzulässig
- ein Gesetz, das die Gliederung des Bundes in Länder und die grundsätzliche Mitwirkung der Länder an der Gesetzgebung ändert, ist unzulässig

Frage 151
Erklären Sie die Begriffe "Ausschließliche Gesetzgebung", "Konkurrierende Gesetzgebung" und "Rahmengesetzgebung":

Ausschließliche Gesetzgebung
- nur der Bund hat das Recht der Gesetzgebung (z.B. Verteidigung, auswärtige Angelegenheiten)

Konkurrierende Gesetzgebung
- Länder haben die Möglichkeit der Gesetzgebung, soweit keine Regelung durch ein Bundesgesetz besteht (z.b. Arbeitsrecht, wirtschaftliche Sicherung der Krankenhäuser, Pflegesätze)

Rahmengesetzgebung
- Gesetzgebung mit allgemeinem Charakter, die in Hinsicht auf regionale Unterschiede spezialisiert werden (z.B. Recht des öffentlichen Dienstes der Länder, Hochschulwesen)

Frage 152
Wer besitzt Gesetzesinitiative, daß heißt, wer darf Gesetze in den Bundestag einbringen:

1) Bundespräsident
2) Bundesregierung
3) Bundestagspräsident
4) 5 Prozent der Abgeordneten des Bundestages
5) mindestens die Hälfte der Abgeordneten des Bundestages
6) das Volk
7) Bundesrat

O A) 1+2+5+7;   O B) 1+2+3+6;   O C) 3+5+6
O D) 2+4+7;   O E) 3+4+7

Frage 152 = D

Frage 153
Es gibt verschiedene Arten der Gesetzgebung. Ordnen Sie zu:

Liste 1
1) ausschließliche Gesetzgebung
2) konkurrierende Gesetzgebung
3) Rahmengesetzgebung

Liste 2
a) Länder haben die Möglichkeit der Gesetzgebung, soweit keine Regelung durch ein Bundesgesetz besteht
b) Gesetzgebung mit allgemeinem Charakter, die in Hinsicht auf regionale Unterschiede spezialisiert werden
c) nur der Bund hat das Recht der Gesetzgebung

O A) 1a, 2b, 3c;   O B) 1b, 2c, 3a;   O C) 1c, 2a, 3b

Frage 154
Das Grundgesetz gibt in den Artikeln 73 GG und 74 GG einen Katalog zur Unterscheidung von ausschließlicher und konkurrierender Gesetzgebung vor. Ordnen Sie zu:

Liste 1
1) konkurrierende Gesetzgebung
2) ausschließliche Gesetzgebung

Liste 2
a) Strafrecht
b) Arbeitsrecht
c) auswärtige Angelegenheiten
d) bürgerliches Recht
e) Angelegenheiten der Verteidigung, sowie des Schutzes der Zivilbevölkerung
f) die wirtschaftliche Sicherung der Krankenhäuser und die Regelung der Krankenhauspflegesätze

O A) 1b,e,f; 2a,c,d;   O B) 1a,b,d,f; 2c,e;   O C) 1b,d,e,f; 2a,c

Frage 153 = C;   Frage 154 = B

Frage 155
In welchen Gebieten steht dem Bund kein Recht zur Gesetzgebung zu:

1) Steuerpolitik
2) Polizeiwesen
3) Staatsangehörigkeit zur Bundesrepublik Deutschland
4) Kulturpolitik
5) Kommunalwesen

O A) 2+4+5;   O B) 1+2+4+5;   O C) 1+2+3+4

Frage 156
Im Fall der Notstandsgesetzgebung unterscheidet man inneren und äußeren Notstand. Ordnen Sie zu:

Liste 1
1) innerer Notstand
2) äußerer Notstand

Liste 2
a) Verteidigungsfall
b) Naturkatastrophen
c) Bündnisfall
d) (nuklearer) Unglücksfall
e) Bedrohung der freiheitlich demokratischen Grundordnung

O A) 1b,d,e; 2a,c;   O B) 1b,c,d; 2a,e;   O C) 1a,e; 2b,c,d

Frage 155 = A;   Frage 156 = A

Frage 157
Bei der Behandlung von Gesetzesentwürfen müssen, von Ausnahmen abgesehen, die Entwürfe drei Beratungen durchlaufen. Ordnen Sie die Aussagen aus Liste 1 der entsprechenden Lesung (Liste 2) zu:

Liste 1
1) Debatte über politische Bedeutung des Gesetzesvorhabens, seine Notwendigkeit und Ziele; häufig wird die Gesetzesvorlage sofort in die Ausschüsse überwiesen
2) es können Änderungsanträge gestellt werden; Abstimmung mit Annahme oder Ablehnung
3) Debatte einer Ausschußfassung, jeder einzelne Paragraph wird behandelt, jeder Bundestagsabgeordnete kann Änderungsanträge stellen

Liste 2
a) 1. Lesung
b) 2. Lesung
c) 3. Lesung

O A) 1a, 2b, 3c;   O B) 1a, 2c, 3b
O C) 1b, 2c, 3a;   O D) 1c, 2a, 3b

Frage 158
Wo werden Gesetze verkündet:

O A)   im Bundestag
O B)   im Bundesrat
O C)   im Bundesgesetzblatt
O D)   in den Medien (Zeitung, Radio, Fernsehen)

Frage 157 = B;   Frage 158 = C

Frage 159
Ordnen Sie dem Vorgang der Gesetzesinitiative das Organ zu, daß die Gesetzesvorlage einbringt:

Liste 1
1) Bundesregierung
2) 5 Prozent der Mitglieder des Bundestages
3) Bundesrat

Liste 2
a) die Gesetzesvorlage wird dem Bundesrat sechs Wochen zur Stellungnahme vorgelegt; sie geht dann zur Bundesregierung, die sie an den Bundestag weiterleitet
b) die Gesetzesvorlage wird direkt beim Bundestagspräsidenten eingebracht
c) die Gesetzesvorlage wird von der Bundesregierung innerhalb von drei Monaten mit Stellungsnahme an den Bundestag weitergeleitet

O A) 1a, 2b, 3c;   O B) 1b, 2c, 3a
O C) 1c, 2a, 3b;   O D) 1b, 2a, 3c

Frage 160
Das Recht auf Gesetzesinitiative auf Bundesebene haben:

1) die Bundesversammlung
2) der Bundespräsident
3) der Bundesrat
4) die Bundesregierung
5) mindestens 5 Prozent der Mitglieder des Bundestages
6) mindestens die Hälfte der Mitglieder des Bundestages

O A) 1+2+3+4;   O B) 2+3+4+6;   O C) 3+4+5;   O D) 3+4+6

Frage 159 = A;   Frage 160 = C

Frage 161
Wann ist die Zustimmung des Bundesrates für einen Gesetzentwurf erforderlich:

O A)   wenn der Bundespräsident dies durch einen Antrag ausdrücklich fordert
O B)   bei zustimmungsbedürftigen und verfassungsändernden Gesetzen
O C)   bei Gesetzesinitiative von Seiten des Bundestages

Frage 162
Was geschieht mit einem beschlossenen Gesetz:

O A)   es wird vom Bundeskanzler ausgefertigt und in den Medien bekannt gegeben
O B)   es wird durch den Bundesrat ratifiziert und an den Bundestagspräsidenten zur Ausfertigung und Verkündigung im Bundesgesetzblatt weitergeleitet
O C)   es wird vom zuständigen Bundesminister oder vom Bundeskanzler unterschrieben an den Bundespräsidenten zur Ausfertigung weitergeleitet und dann im Bundesgesetzblatt verkündigt

Frage 163
Welche Aussage ist richtig:

O A)   die Länder haben das Recht der Gesetzgebung, soweit das Grundgesetz diese Befugnis nicht dem Bund verleiht
O B)   der Bund hat nur die Möglichkeit der Rahmengesetzgebung
O D)   die Länder haben nur die Möglichkeit der Rahmengesetzgebung

Frage 161 = B;   Frage 162 = C;   Frage 163 = A

Frage 164
Welche Gremien können in der Bundesrepublik Deutschland Gesetze erlassen:

1) Bürgermeister
2) Bezirkstag
3) Parteien
4) Bundeskanzler
5) Landtag
6) Bundestag

O A) 4+5+6;   O B) 5+6;   O C) 2+3;   O D) 3+4+5

Frage 165
Welches Gericht überprüft auf Antrag, ob die vom Bundestag erlassenen Gesetze mit dem Grundgesetz übereinstimmen:

O A)   Bundesverwaltungsgericht
O B)   Bundesverfassungsgericht
O C)   Bundessozialgericht
O D)   Bundesgerichtshof

Frage 166
Zum Erlaß eines Gesetzes bzw. zu einer Gesetzesänderung ist:

O A)   in jedem Fall die Zustimmung des Bundesrates erforderlich
O B)   in jedem Fall die 2/3-Mehrheit des Bundesrates erforderlich
O C)   die Zustimmung des Bundesrates überhaut nicht vorgesehen
O D)   die Zustimmung des Bundesrates in manchen Fällen erforderlich

---

Frage 164 = B;   Frage 165 = B;   Frage 166 = D

Die Parteien

Frage 167
Was sind die Aufgaben einer Partei:

- fördern die politische Willensbildung des Volkes
- ermöglichen dem Bürger die aktive Teilnahme am politischen Leben
- Beteiligung an Wahlen in Bund, Land und Kommune

Frage 168
Was muß eine Partei aufweisen, um demokratischen Grundsätzen zu entsprechen:

schriftliche Satzung
- beinhaltet die Bestimmungen über Aufnahme, Austritt, Rechte und Pflichten der Mitglieder

Parteiprogramm
- setzt die wirtschaftlichen, gesellschaftlichen und politischen Ziele einer Partei fest

gebietliche Gliederung
- Gliederung muß so geschehen, daß jedem einzelnen Mitglied eine Mitwirkung an der Willensbildung der Partei ermöglicht ist

---

Frage 169
Wie finanziert sich eine Partei:

1) durch Spenden
2) durch staatliche Zuschußprogramme
3) durch Mitgliederbeiträge
4) durch Wahlkampfkostenerstattungen

O A) 1+3+4;   O B) 1+2+4;   O C) 2+3+4

Frage 169 = A

Frage 170
Welche Aussagen zur Partei sind richtig:

1) in der Bundesrepublik gibt es 8 Parteien
2) die Gründung einer Partei ist frei
3) die innere Ordnung einer Partei muß demokratischen Grundsätzen entsprechen
4) die Gründung einer Partei muß ausdrücklich vom Bundesverfassungsgericht genehmigt sein
5) mindestens ein Vertreter jeder zur Bundestagswahl zugelassenen Partei muß im Bundestag vertreten sein (Minderheitenprotektion)
6) bei Klage wegen Verfassungswidrigkeit gegen eine Partei entscheidet das Bundesverfassungsgericht

O A) 2+3+4+6;   O B) 2+3+6;   O C) 1+4+5+6;   O D) 1+3

Frage 171
Bestimmte Organe muß eine Partei besitzen, um demokratischen Grundsätzen zu entsprechen. Ordnen Sie zu:

Liste 1
1) Mitgliederversammlung (Parteitag)
2) Vorstand

Liste 2
a) ist oberstes Organ des jeweiligen Gebietsverbandes; beschließt Satzung und Parteiprogramme
b) muß mindestens jedes zweite Jahr gewählt werden und aus mindestens drei Personen bestehen; bildet die Leitung und Geschäftsführung des Gebietsverbandes

O A) 1a, 2b;   O B) 1b, 2a

Frage 170 = B;   Frage 171 = A

Wirtschaftsordnung

Frage 172
Nennen Sie die zwei großen theoretischen Marktmodelle und fassen Sie kurz ihre Merkmale zusammen:

Planwirtschaft
Bei der Planwirtschaft wird die Verteilung der vorhandenen Güter von einer staatlichen Behörde geplant.
Merkmale:
- zentralistischer Aufbau
- Wirtschaftsplan gibt Produktionsvorgaben
- Betriebe in staatlicher Hand
- Preise vom Staat vorgegeben

Freie Marktwirtschaft
Bei der freien Marktwirtschaft regelt die Gegenüberstellung von Angebot und Nachfrage den Markt unter dem Grundsatz des bestmöglichen Gewinns.
Merkmale:
- Unternehmer entscheiden selbständig
- Produktionsmittel sind Privateigentum
- Käufer bestimmen selbst über ihre Bedürfnisse

Frage 173
In der Bundesrepublik Deutschland besteht das Modell der Sozialen Marktwirtschaft. Nennen Sie dessen Merkmale:

Die Soziale Marktwirtschaft ist eine Form der Freien Marktwirtschaft. Doch greift hierbei der Staat zur Regulierung negativer Aspekte in das Wirtschaftsgeschehen ein, um den Markt sozialverträglich zu gestalten.
Merkmale:
- Ausgleich zwischen Freiheit des Marktes und sozialen Belangen
- Eingriff des Staates in den Markt

Frage 174
Was sind die Ziele des Staates bei der Sozialen Marktwirtschaft:

- soziale Sicherheit
- gerechte Wohlstandsverteilung
- wirtschaftlicher Wohlstand

Frage 175
Mit welchen Instrumenten kann der Staat den Markt steuern:

ordnungspolitische Maßnahmen
- Der Staat kann durch Gesetze den Wettbewerb einschränken, um Preisabsprachen oder Fusionen zu untersagen. Kontrollorgan ist hier die Gewerbeaufsicht (Wettbewerbspolitik).

strukturpolitische Maßnahmen
- Der Staat kann strukturschwache Gebiete oder benachteiligte Wirtschaftszweige durch Subventionen und gezielte Planungen fördern (Wirtschaftsförderung).

konjunkturpolitische Maßnahmen
- Der Staat kann den Ablauf des Wirtschaftsgeschehens steuern z. B. durch Heben und Senken der Steuern (Wirtschafts-, Sozial- und Steuerpolitik).

Frage 176
Was ist im Stabilitätsgesetz festgeschrieben:

Vollbeschäftigung
- Ziel ist eine möglichst geringe Arbeitslosigkeit.

angemessenes Wirtschaftswachstum
- Ziel ist ein angemessener Anstieg des Bruttosozialproduktes.

Preisstabilität
- Ziel ist eine geringe Inflationsrate.

außenwirtschaftliches Gleichgewicht
- Ziel ist Import und Export gegenseitig anzugleichen.

Frage 177
Das Bruttosozialprodukt gibt Aufschluß über das Wirtschaftswachstum. Was ist das Bruttosozialprodukt:

Das Bruttosozialprodukt ist die Summe aller erwirtschafteten Güter und erbrachten Leistungen eines Landes innerhalb eines bestimmten Zeitabschnittes.

Frage 178
Es gibt zwei große theoretische Marktmodelle. Ordnen Sie zu:

Liste 1
1) Planwirtschaft
2) Marktwirtschaft

Liste 2
a) Betriebe in staatlichem Besitz
b) Konsumenten bestimmen selbst ihre Bedürfnisse
c) Angebot und Nachfrage regulieren den Preis auf dem freien Markt
d) Produziert wird nach einem vorgeschriebenen Wirtschaftsplan
e) Staat unterhält eine Planungsbehörde
f) Unternehmer sind frei in ihren marktpolitischen Entscheidungen

O A) 1a,b,c; 2d,e,f;   O B) 1a,d,f; 2b,c,e
O C) 1a,d,e; 2b,c,f;   O D) 1b,d,f; 2a,c,e

Frage 178 = C

Frage 179
Was versteht man unter Sozialer Marktwirtschaft:

O A) das Wirtschaftssystem der ehemaligen DDR (Sozialismus)
O B) anderer Begriff für Freie Marktwirtschaft
O C) Wirtschaftsmodell, bei dem der Staat zugunsten der sozialen Anforderungen eingreift
O D) Modell der Marktwirtschaft, in dem das Prinzip der Freiheit des Marktes gilt

---

Frage 180
Welches Marktmodell ist in der Bundesrepublik verwirklicht:

O A) Soziale Marktwirtschaft
O B) Freie Marktwirtschaft
O C) Planwirtschaft

Frage 181

Wie kann der Staat in den Markt eingreifen:

1) durch Erstellen eines zentralen Wirtschaftsplanes (z. B. Fünfjahresplan)
2) durch Subvention einer Branche oder Region
3) durch Steuersenkung oder -hebung, vermehren oder vermindern der Staatsausgaben, Verbilligung oder Verteuerung der Kredite

O A) 1+2;   O B) 1+3;   O C) 2+3

Frage 179 = C;   Frage 180 = A;   Frage 181 = C

Frage 182
Was versteht man unter dem Begriff Bruttosozialprodukt:

O A) die Summe aller erwirtschafteten Güter und erbrachten Leistungen eines Landes innerhalb eines Jahres
O B) die Summe aller erwirtschafteten Güter eines Landes innerhalb eines Jahres
O C) die Summe, die die Regierung eines Landes innerhalb eines Jahres für sozialpolitische Zwecke laut Etat ausgeben darf

Frage 183
Welche Ziele vertritt die Bundesrepublik mit der Sozialen Marktwirtschaft:

1) konstante Preise
2) soziale Sicherheit
3) gerechte Wohlstandsverteilung
4) Planerfüllung
5) wirtschaftlicher Wohlstand

O A) 1+2+3;   O B) 2+3+5;   O C) 1+3+5;   O D) 3+4+5

Frage 184
Welche Prinzipien bestimmen die Marktwirtschaft:

O A) Angebot und Nachfrage sowie Wettbewerb
O B) Planung des Staates
O C) Preisstopp und Lohnstopp

Frage 182 = A;   Frage 183 = B;   Frage 184 = A

II. Rechts- und Gesetzeskunde

Allgemeine Rechtskunde

Frage 185
Welche Organe sind laut Grundgesetz (Art. 92 GG) mit der Ausführung der Judikative beauftragt:

Die rechtsprechende Gewalt ist den Richtern anvertraut; sie wird durch das Bundesverfassungsgericht, durch die Bundesgerichte und durch die Gerichte der Länder ausgeübt.

Frage 186
In einem Rechtsstaat gibt es eine Rechtsordnung. Was ist das und welchen Zweck erfüllt diese:

Die Rechtsordnung ist die Gesamtheit der Gesetze, Verordnungen, Satzungen, Verfügungen und Erlasse. Sie enthält die Maßregeln für ein geordnetes Zusammenleben der Bürger eines Staates.

Frage 187
Definieren Sie die Begriffe Gesetz, Verordnung, Satzung, Verfügung, Erlaß:

Gesetz
- allgemeine Regeln, die vom Gesetzgeber (Parlament) in schriftlicher Form, für eine unbestimmte Zahl von Personen erlassen und öffentlich bekanntgemacht werden
- der Staat garantiert durch Zwangsmaßnahmen, daß Gesetze befolgt werden, und verhängt Strafen bei Verstoß gegen bestehende Gesetze

Verordnung
- Verordnungen werden von der Regierung (Verwaltung) auf der Grundlage von Gesetzen herausgegeben
- Verordnungen sind für eine unbestimmte Zahl von Personen gültig und haben Gesetzeskraft

Satzung
- Satzungen werden von den Gemeinden zur Regelung eigener Angelegenheiten erlassen
- Satzungen sind für eine unbestimmte Zahl von Personen bindend und haben Gesetzeskraft

Verfügung
- Verfügungen werden, im Rahmen des Ermessensspielraumes den ein Gesetz vorgibt, von der Verwaltung erteilt
- Verfügungen enthalten genaue Anweisungen oder Vorschriften für einen bestimmten Personenkreis

Erlaß
- Erlaß ist eine Anweisung der übergeordneten Behörde an eine untergeordnete Behörde
- Erlasse sind nur für die betreffende Behörde bestimmt

Frage 188
Unterscheiden Sie zwischen "Zivilrecht" und "Öffentlichem Recht":

Zivilrecht (auch Privatrecht)
- alle Rechtsbeziehungen zwischen Bürgern
- es stehen sich rechtlich gleichgestellte Personen gegenüber
- Zivilrecht ist zum größten Teil nachgiebiges Recht, d. h. eine Vorschrift des Gesetzes kann z. B. durch eine abweichende Vertragsklausel ersetzt werden (Vertragsfreiheit)
- niedergeschrieben ist das Zivilrecht z. B. im Bürgerlichen Gesetzbuch (BGB), Handelsgesetzbuch (HGB)

Öffentliches Recht
- alle Rechtsbeziehungen zwischen Bürger und Staat

- der untergeordnete Bürger steht dem übergeordneten Staat rechtlich gegenüber
- Öffentliches Recht ist fast ohne Ausnahme zwingendes Recht
- niedergeschrieben ist das Öffentliche Recht z. B. im Grundgesetz (GG), den Länderverfassungen, dem Strafgesetzbuch (StGB)

Frage 189
Nennen Sie die Aufgaben der Judikative:

Gerichte überwachen die Einhaltung der Rechtsordnung und sprechen im Namen des Volkes Recht.

Frage 190
Nennen Sie die Grundsätze der Rechtsprechung laut Grundgesetz (Art. 101 GG, Art 102 GG, Art. 103 GG):

- Ausnahmegerichte sind unzulässig
- die Todesstrafe ist abgeschafft
- vor Gericht hat jedermann Anspruch auf rechtliches Gehör
- eine Tat kann nur bestraft werden, wenn die Strafbarkeit gesetzlich bestimmt war, bevor die Tat begangen wurde
- Niemand darf wegen derselben Tat auf Grund der allgemeinen Strafgesetze mehrmals bestraft werden

Frage 191
Es gibt eine Ordentliche Gerichtsbarkeit und eine Sondergerichtsbarkeit. Nennen Sie die verschiedenen Gerichtsbarkeiten und definieren Sie kurz:

Ordentliche Gerichtsbarkeit

Zivilgerichtsbarkeit
- ist zuständig bei privatrechtlichen Beziehungen; hier prozessiert eine Privatperson gegen eine Privatperson (z. B. Vertragsbruch, Familien- und Ehesachen, Schadensersatz bei Verkehrsunfällen)

Strafgerichtsbarkeit
- ist zuständig bei Verstößen gegen das Öffentliche Recht; hier prozessiert ein Staatsanwalt gegen eine Privatperson (z. B. Straftaten wie Mord, Freiheitsberaubung, Körperverletzung)

Freiwillige Gerichtsbarkeit
- ist zuständig bei Begründung oder Bekanntgabe eines Rechtszustandes (z. B. Registergerichte, Nachlaßgerichte, Vormundschaftsgerichte, Grundbuchamt)

Sondergerichtsbarkeit

Verwaltungsgerichtsbarkeit
- kontrolliert die Staatsverwaltung und schützt den Bürger vor Mißbrauch der staatlichen Gewalt

Finanzgerichtsbarkeit
- ist zuständig bei Klagen gegen Steuerbescheide

Arbeitsgerichtsbarkeit
- ist zuständig bei Streitigkeiten zwischen Arbeitgeber und Arbeitnehmer, bzw. bei Streitigkeiten zwischen den Tarifpartnern (Arbeitgeberverband und Gewerkschaft)

Sozialgerichtsbarkeit
- entscheidet über Ansprüche der Versicherten gegenüber den Sozialversicherungen, Arbeitslosenversicherungen

---

Frage 192
Welche Gerichte nehmen eine Sonderstellung in der Gerichtsbarkeit ein:

Bundesverfassungsgericht
- das höchste Gericht der Bundesrepublik entscheidet ausschließlich bei Auslegungsschwierigkeiten des Grundgesetzes, bei Verletzung des Grundgesetzes durch ein Staatsorgan, bei Kompetenzstreitigkeiten zwischen Bund und Ländern

Staats- bzw. Verfassungsgerichtshof
- selbständige Gerichte der Länder, die bei Auslegungsschwierigkeiten der Länderverfassungen, bei Meinungsverschiedenheiten über die Vereinbarkeit eines Gesetzes oder Landesrechts mit der Verfassung und bei Kompetenzstreitigkeiten zwischen Regierung, Gericht oder des Landtages, entscheiden

Frage 193
Welche besondere Stellung nehmen Richter in unserem Rechtssystem ein:

Richter sind nur an Gesetz und Grundrechte gebunden, somit sind sie unabhängig von übergeordneten Instanzen. Sie werden auf Lebenszeit zu Richtern ernannt und sind nicht absetzbar; außer bei Zuwiderhandlungen gegen die Grundsätze des Grundgesetzes.

Frage 194
In einem Rechtsstreit können maximal drei Instanzen durchlaufen werden, indem die Rechtsmittel "Berufung" und "Revision" verwandt werden. Nennen Sie diese und erläutern Sie kurz:

Erste Instanz
- das Gericht, in dem die vorgebrachte Klage zum ersten Mal verhandelt wird

Berufungsinstanz
- gegen das Urteil der ersten Instanz kann bei der nächst höheren Instanz Berufung eingelegt werden, dort können neue Tatsachen und Beweismittel vorgebracht werden

Revisionsinstanz
- wird weiterhin Revision eingelegt, kommt der Fall vor die nächst höhere Instanz zur eingehenden Prüfung, ob alle Gesetze und Verordnungen von der unteren Instanz richtig ausgelegt und angewandt worden sind

Frage 195
Zählen Sie die Instanzen der verschiedenen Gerichtsbarkeiten auf:

Zivilgerichtsbarkeit
- Amtsgericht (AG)
- Landgericht (LG)
- Oberlandesgericht (OLG)
- Bundesgerichtshof (BGH)

Strafgerichtsbarkeit
- Amtsgericht (AG): Einzelrichter oder Schöffengericht
- Landgericht (LG): Schwurgericht, Kleine oder Große Strafkammer
- Oberlandesgericht (OLG): Strafsenat
- Bundesgerichtshof (BGH): Strafsenat

Verwaltungsgerichtsbarkeit
- Verwaltungsgericht (VG)
- Oberverwaltungsgericht (OVG)
- Bundesverwaltungsgericht (BVG)

Finanzgerichtsbarkeit
- Finanzgericht (FG)
- Bundesfinanzhof (BFH)

Arbeitsgerichtsbarkeit
- Arbeitsgericht (ArbG)
- Landesarbeitsgericht (LAG)
- Bundesarbeitsgericht (BAG)

Sozialgerichtsbarkeit
- Sozialgericht (SG)
- Landessozialgericht (LSG)
- Bundessozialgericht (BSG)

II. Gesetzeskunde/Allg. Rechtskunde

Frage 196
Was versteht man unter Rechtsordnung:

O A) die Ordnung, die den geregelten Ablauf einer Gerichtsverhandlung regelt
O B) alle Personen, die beruflich mit der Judikative zu tun haben (z. B. Richter, Staatsanwälte, Rechtsanwälte, Rechtspfleger)
O C) die Gesamtheit aller Gesetze und der im Rang unter dem Gesetz stehenden Vorschriften (Verordnungen, Satzungen, Verfügungen, Erlasse)

Frage 197
Ordnen Sie den Begriffen ihre Bedeutung zu:

Liste 1
1) Gesetz
2) Erlaß
3) Satzung
4) Verordnung
5) Verfügung

Liste 2
a) ein vom Parlament (Bundestag oder Landtag) ausgefertigtes und veröffentlichtes Schriftstück, das für eine unbestimmte Zahl von Personen gilt
b) eine Anweisung, die nur für eine untergeordnete Behörde gültig ist
c) eine von der Verwaltung gegebene Anweisung, die für einen bestimmten Personenkreis bindend ist
d) eine von der Gemeinde erlassene Regelung in eigener Sache
e) eine von der Verwaltung gegebene Anweisung, die für eine unbestimmte Zahl von Personen gilt

O A) 1a, 2b, 3d, 4e, 5c;   O B) 1d, 2b, 3a, 4e, 5c
O C) 1a, 2c, 3b, 4d, 5e;   O D) 1d, 2a, 3e, 4b, 5c

Frage 196 = C;   Frage 197 = A

Frage 198
Welche Aussagen sind richtig:

1) Zivilrecht ist zwingendes Recht
2) ein Erlaß ist eine Anweisung an eine untergeordnete Behörde
3) Recht wird im Namen des Volkes gesprochen
4) Richter unterstehen der Bundesversammlung und sind ihr gegenüber verantwortlich
5) das Bundesverfassungsgericht ist das höchste Gericht in der Bundesrepublik Deutschland
6) die Zivilgerichtsbarkeit schützt den Bürger vor dem Mißbrauch staatlicher Gewalt

O A) 1+2+3+6;   O B) 3+4+5;   O C) 2+3+5;   O D) 2+3+4+6

Frage 199
Welches sind die Grundsätze der Rechtsprechung:

1) die Gesamtheit aller Gesetze und der im Rang unter dem Gesetz stehenden Vorschriften (Verordnungen, Satzungen, Verfügungen, Erlasse)
2) Ausnahmegerichte sind in Notfällen zulässig (Notstandsgesetzgebung)
3) eine Doppelbestrafung ein und derselben Tat ist ausgeschlossen
4) Gewaltenteilung in drei Gewalten (Judikative, Legislative, Exekutive)
5) Todesstrafe und Ausnahmegerichte sind unzulässig
6) rückwirkende Strafgesetze sind verboten
7) Recht wird im Namen des Parlamentes gesprochen

O A) 1;   O B) 4+7;   O C) 2+3+6+7;   O D) 3+5+6

Frage 198 = C;   Frage 199 = D

II. Gesetzeskunde/Allg. Rechtskunde

Frage 200
Ordnen Sie zu zwischen Zivilrecht und Öffentlichem Recht:

Liste 1
1) Zivilrecht
2) Öffentliches Recht

Liste 2
a) Vertragsbruch
b) Klage gegen Steuerbescheid
c) Körperverletzung
d) Klage gegen den Arbeitgeber
e) Anspruch des Verletzten auf Schadensersatz

O A) 1a,e; 2b,c,d;   O B) 1c,e; 2a,b,d;   O C) 1a,b,d; 2c,e

Frage 201
Welche Gerichtsbarkeiten sind Sondergerichtsbarkeiten:

1) Zivilgerichtsbarkeit
2) Sozialgerichtsbarkeit
3) Freiwillige Gerichtsbarkeit
4) Finanzgerichtsbarkeit
5) Arbeitsgerichtsbarkeit
6) Strafgerichtsbarkeit
7) Verwaltungsgerichtsbarkeit

O A) 1+5+6;   O B) 2+3+6;   O C) 1+2+4+5+6;   O D) 2+4+5+7

Frage 200 = A;   Frage 201 = D

Frage 202
Warum nimmt das Bundesverfassungsgericht eine Sonderstellung in der Judikative ein:

O A) es ist die Revisionsinstanz für alle Gerichtsverhandlungen in dritter Instanz
O B) es tagt ausschließlich bei Uneinigkeiten über die Verfassung
O C) es erläßt rechtsgültige Gesetze

Frage 203
Eine schwere Strafsache wird in erster Instanz vor der Großen Strafkammer verhandelt. Welche Instanz ist die zuständige Revisionsinstanz:

O A) der Strafsenat am Bundesgerichtshof
O B) der Strafsenat des Oberlandesgerichtes
O C) das Bundessozialgericht
O D) das Schwurgericht des Landgerichtes

Frage 204
Warum beinhaltet die Finanzgerichtsbarkeit nur zwei Instanzen:

O A) da Steuerbescheide zumeist unanfechtbar sind
O B) da in letzter Instanz (Revision) der Finanzminister des Bundes zuständig ist
O C) da vor einem Gerichtsverfahren ein Vorverfahren beim zuständigen Finanzamt durchgeführt werden muß

Frage 202 = B;   Frage 203 = A;   Frage 204 = C

Frage 205
Vor welchem Gericht läuft das Berufungsverfahren, wenn die Erstverhandlung vor dem Landgericht statt fand:

O A) Oberverwaltungsgericht
O B) Oberlandesgericht
O C) Bundesgerichtshof
O D) Amtsgericht

Frage 206
Was wird bei einer Berufung und was bei einer Revision durchgeführt:

Liste 1
1) Berufung
2) Revision

Liste 2
a) erneute Beweisaufnahme (sind neue Tatsachen aufgetaucht?)
b) ausschließliche Prüfung der Verfahrensweise (sind alle Gesetze richtig angewandt worden?)

O A) 1a, 2b;   O B) 1b; 2a

Frage 205 = B;   Frage 206 = A

Zivilrecht

Frage 207
Das Bürgerliche Gesetzbuch (BGB) ist für das Zivilrecht von grundlegender Bedeutung. Es gliedert sich in fünf Bücher. Nennen Sie diese:

Erstes Buch: Allgemeiner Teil
Zweites Buch: Recht der Schuldverhältnisse
Drittes Buch: Sachenrecht
Viertes Buch: Familienrecht
Fünftes Buch: Erbrecht

Frage 208
Was beinhaltet das Erste Buch des Bürgerlichen Gesetzbuches:

Im Allgemeinen Teil des Bürgerlichen Gesetzbuches werden die grundsätzlichen, für alle privatrechtlichen Rechtsverhältnisse geltenden Regeln eingeführt.

Frage 209
Was sagt der Paragraph 1 des Bürgerlichen Gesetzbuches über die Rechtsfähigkeit aus:

§ 1 BGB:

"Die Rechtsfähigkeit des Menschen beginnt mit der Vollendung der Geburt."

Das heißt: Mit dem Zeitpunkt der vollendeten Geburt sind jedem Menschen Rechte und Pflichten verliehen bis hin zu seinem Tod.

Frage 210
Erläutern Sie kurz die Begriffe "Geschäftsfähigkeit", "Beschränkte Geschäftsfähigkeit", "Geschäftsunfähigkeit":

Geschäftsfähigkeit
- unter Geschäftsfähigkeit versteht man die Fähigkeit eines Menschen, durch die wirksame Willenserklärung Rechtswirkungen hervorzurufen, das heißt z. B. Kauf- oder Arbeitsverträge rechtswirksam abzuschließen, ein Darlehn aufzunehmen, eine Wohnung zu mieten
- geschäftsfähig ist grundsätzlich jeder, der nicht beschränkt geschäftsfähig oder gar geschäftsunfähig ist

Beschränkte Geschäftsfähigkeit
- beschränkt geschäftsfähig ist, wer das siebte, aber nicht das achtzehnte Lebensjahr vollendet hat; der beschränkt Geschäftsfähige benötigt in der Regel beim Abschluß von Rechtsgeschäften die Einwilligung des gesetzlichen Vertreters; ein Minderjähriger kann jedoch ohne Einwilligung der Eltern mit seinem Taschengeld Geschäfte ausführen (Taschengeldparagraph)

Geschäftsunfähigkeit
Geschäftsunfähig ist:
1. wer nicht das siebente Lebensjahr vollendet hat;
2. wer sich in einem die freie Willensbestimmung ausschließenden Zustande krankhafter Störung der Geistestätigkeit befindet, sofern nicht der Zustand seiner Natur nach ein vorübergehender ist

- die Willenserklärung eines Geschäftsunfähigen ist nichtig

Frage 211
Erläutern Sie kurz die Begriffe "Deliktsfähigkeit", "Beschränkte Deliktsfähigkeit" "Deliktsunfähigkeit":

Deliktsfähigkeit
- unter Deliktsfähigkeit versteht man die Fähigkeit eines Menschen, für ein rechtswidriges Verhalten zivilrechtlich bzw. strafrechtlich Verantwortung zu tragen

- deliktsfähig ist grundsätzlich jeder, der nicht beschränkt deliktsfähig oder gar deliktsunfähig ist

Beschränkte Deliktsfähigkeit
- beschränkt deliktsfähig ist, wer das siebte, aber noch nicht das achtzehnte Lebensjahr vollendet hat

Deliktsunfähigkeit
Deliktsunfähig ist:
1. wer nicht das siebente Lebensjahr vollendet hat
2. wer sich im Zustande der Bewußtlosigkeit oder in einem die freie Willensbestimmung ausschließenden Zustande krankhafter Störung der Geistestätigkeit befindet (wer sich durch Alkohol oder ähnliche Mittel in einen solchen Zustand versetzt hat, ist in gleicher Weise verantwortlich, wie wenn ihm Fahrlässigkeit zur Last fiele)

Frage 212
Zählen Sie die Altersstufen mit der jeweiligen Rechtsstellung des Individuums auf:

- mit Vollendung der Lebendgeburt
  = rechtsfähig, geschäftsunfähig, deliktsunfähig

- 6. Lebensjahr
  = schulpflichtig

- 7. Lebensjahr
  = beschränkt geschäftsfähig, beschränkt deliktsfähig

- 14. Lebensjahr
  = beschränkt strafrechtlich deliktsfähig; religionsmündig

- 15. Lebensjahr
  = bedingte Arbeitsbeschäftigung

- 16. Lebensjahr
  = personalausweispflichtig, Ende der allgemeinen Schulpflicht, Ehefähigkeit, beschränkte Testierfähigkeit

- 18. Lebensjahr
  = volljährig, geschäftsfähig, deliktsfähig, aktives Wahlrecht, passives Wahlrecht, ehemündig, wehrpflichtig, straffähig nach dem Jugendstrafrecht

- 21. Lebensjahr
  = straffähig

- 25. Lebensjahr
  = Adoptionsrecht, Fähigkeit als Schöffe oder ehrenamtlicher Richter

- 40. Lebensjahr
  = wählbar als Bundespräsident

- 60. Lebensjahr
  = vorzeitiges Altersruhegeld für Frauen

- 63. Lebensjahr
  = vorzeitiges Altersruhegeld für Männer

- 65. Lebensjahr
  = Altersruhegeld; Pensionierung (Beamte und Richter)

- 70. Lebensjahr
  = Altersgrenze für Schöffen

Frage 213
Ab wann ist man rechtsfähig:

O A) nach Vollendung des achtzehnten Lebensjahres
O B) nach Vollendung des siebten Lebensjahres
O C) nach Vollendung der Lebendgeburt

Frage 213 = C

Frage 214
Was heißt es rechtsfähig zu sein:

O A) durch eine Willenserklärung kann man Rechtsgeschäfte rechtswirksam abschließen
O B) es sind einem Rechte und Pflichten verliehen
O C) für schuldhaftes Verhalten trägt man die rechtliche Verantwortung

Frage 215
Wer ist beschränkt geschäftsfähig:

O A) generell ist jedermann beschränkt geschäftsfähig
O B) jeder, der nicht geschäftsunfähig ist
O C) Minderjährige, die das 7., aber nicht das 18. Lebensjahr vollendet haben
O D) wer wegen Geistesschwäche entmündigt ist

Frage 216
Ordnen Sie den Begriffen ihre Definition zu:

Liste 1
1) Rechtsfähigkeit
2) Geschäftsfähigkeit
3) Deliktsfähigkeit

Liste 2
a) man trägt für schuldhaftes Verhalten die rechtliche Verantwortung
b) es sind einem mit der Geburt Rechten und Pflichten auferlegt
c) durch eine Willenserklärung kann man Rechtsgeschäfte rechtswirksam abschließen

O A) 1a, 2b, 3c;   O B) 1b, 2c, 3a
O C) 1c, 2a, 3b;   O D) 1c, 2a, 3b

Frage 214 = B;   Frage = 215 C;   Frage = 216 B

Frage 217
Wer ist deliktsunfähig:

1) wer das siebte, aber noch nicht das achtzehnte Lebensjahr vollendet hat
2) wer nicht das siebte Lebensjahr vollendet hat
3) wer durch überhohen Alkoholgenuß in einen die freie Willensbildung ausschließenden Zustand gerät
4) wer ohne Einwirkung alkoholischer Getränke oder ähnlicher Mittel bewußtlos ist
5) wer sich in einem Zustand krankhafter Störung der Geistestätigkeit befindet, der die freie Willensbildung ausschließt (ohne Alkoholeinfluß)
6) wer geschäftsunfähig ist
7) wer entmündigt ist

O A) 1+5+7;   O B) 2+3+4+6;   O C) 2+4+6+7;   O D) 2+4+5

Frage 218
Nennen Sie die unterschiedlichen Typen von Rechtsgeschäften mit ihren Eigenheiten:

Zweiseitiges Rechtsgeschäft
- ein zweiseitiges Rechtsgeschäft (Vertrag) kommt zustande, wenn die Vertragspartner zwei übereinstimmende Willenserklärungen äußern

Einseitiges Rechtsgeschäft
- die Willenserklärung einer Person genügt bei einem einseitigen Rechtsgeschäft

Nichtiges Rechtsgeschäft
- Verträge, die per Gesetzesregelung von vornherein ungültig sind

Frage 217 = D

Frage 219
Ein zweiseitiges Rechtsgeschäft nennt man auch einen Vertrag. Es gibt verschiedene Arten von Verträgen. Nennen Sie die für Heimbewohner wichtigsten Vertragsarten:

Dienstvertrag
- Vertrag regelt:
  - die Leistung eines zugesicherten Dienstes
  - die vereinbarte Vergütung

Werkvertrag
- Vertrag regelt:
  - die Herstellung eines versprochenen Werkes, bzw. die Veränderung einer Sache
  - die vereinbarte Vergütung

Kaufvertrag
- Vertrag regelt:
  - die Übergabe einer Sache
  - die vereinbarte Vergütung

Frage 220
Welche Rechtsgeschäfte sind nichtig:

1) Rechtsgeschäfte eines Geschäftsunfähigen
2) Rechtsgeschäfte in Form eines Schenkungsvertrags
3) zustimmungsbedürftige Rechtsgeschäfte eines beschränkt Geschäftsfähigen ohne Einwilligung der gesetzlichen Vertreter
4) formwidrige Rechtsgeschäfte
5) gesetzeswidrige Rechtsgeschäfte
6) Rechtsgeschäfte eines beschränkt Geschäftsfähigen mit seinem Taschengeld
7) sittenwidrige Rechtsgeschäfte
8) Scheingeschäfte

O A) 1+3+4+5+7+8;   O B) 1+2+5+8;
O C) 3+5+7+8;   O D) 1+4+6+7+8

Frage 220 = A

Frage 221
Ordnen Sie zu:

Liste 1
1) einseitiges Rechtsgeschäft
2) zweiseitiges Rechtsgeschäft
3) nichtiges Rechtsgeschäft

Liste 2
a) Testament
b) wucherisches Geschäft
c) Schenkungsvertrag

O A) 1a,2b,3c;   O B) 1b,2c,3a;
O C) 1c,2a,3b;   O D) 1a,2c,3b

Frage 222
Ordnen Sie die verschiedenen Verträge zu:

Liste 1
1) Kaufvertrag
2) Werkvertrag
3) Dienstvertrag

Liste 2
a) Pflegevertrag
b) Vertrag über die Herstellung eines anzupassenden Stützstrumpfes
c) Vertrag über den Kauf eines Radios
d) Vertrag über die Leistungen eines Arztes
e) Vertrag über eine Reparatur

O A) 1a,d; 2b,c; 3e
O B) 1c; 2b,e; 3a,d
O C) 1b,c; 2e; 3a,d

Frage 221 = D;   Frage 222 = B

Frage 223
Was wird durch den Abschluß eines Dienstvertrages gesichert:

1) die vereinbarte Vergütung
2) der Anspruch auf Garantie innerhalb eines halben Jahres
3) die Leistung eines versprochenen Dienstes
4) der Anspruch auf Garantie innerhalb eines vollen Jahres
5) der Kaufpreis

O A) 1+4+5;   O B) 2+5;   O C) 1+3+2;   O D) 1+3

Frage 224
Wer ist schadensersatzpflichtig:

Wer vorsätzlich oder auch fahrlässig das Leben, den Körper, die Gesundheit, die Freiheit, das Eigentum oder ein sonstiges Recht eines anderen widerrechtlich verletzt, ist dem anderen zum Ersatz des daraus entstehenden Schadens verpflichtet.

Frage 225
Unterscheiden Sie die Begriffe "vorsätzlich" und "fahrlässig":

vorsätzlich
- Vorsatz ist jede Handlung oder Unterlassung, die mit dem Bewußtsein geschieht, daß die Handlung für einen anderen schädliche Folgen hat

fahrlässig
- bei einer fahrlässigen Handlung wird die erforderliche Sorgfalt außer acht gelassen

---

Frage 223 = D

Frage 226
Was wird im Fall eines Schadensersatzanspruches vorausgesetzt:

- ein vorweislicher Schaden
- ursächlicher Zusammenhang zwischen Handlung und Schaden (Kausalität)
- eine illegale Schädigung
- fahrlässiges oder vorsätzliches Verschulden

Frage 227
Wie ist Schadensersatz durchzuführen:

- Wiederherstellung des Zustandes bzw. Wertersatz
- Zahlung eines Schmerzensgeldes

Frage 228
Was sagt der Paragraph 831 des Bürgerlichen Gesetzbuches über die Haftung von Verrichtungsgehilfen aus:

§ 831 BGB:
> "Wer einen anderen zu einer Verrichtung bestellt, ist zum Ersatze des Schadens verpflichtet, den der andere in Ausführung der Verrichtung einem Dritten widerrechtlich zufügt. [...]"

Frage 229
Wer haftet für den durch eine unter Aufsicht stehende Person entstandenen Schaden:

- wer die Aufsichtspflicht über eine Person inne hat, haftet für den Schaden, den diese Dritten widerrechtlich zufügt

Frage 230
Nennen Sie Beispiele für eine fahrlässige Handlung:

- falsche Dosierung eines Medikamentes
- Verabreichung einer Arznei ohne ärztliche Anweisung
- unsachgemäße Aufbewahrung von Arzneimitteln
- falsche Handhabung von technischen Geräten
- Verletzen der Aufsichtspflicht

Frage 231
Wer ist gemäß Paragraph 828 BGB nicht für einen Schaden verantwortlich:

1. wer nicht das siebente Lebensjahr vollendet hat, ist für einen Schaden, den er einem anderen zufügt, nicht verantwortlich
2. wer das siebente, aber nicht das achtzehnte Lebensjahr vollendet hat, ist für einen Schaden, den er einem anderen zufügt, nicht verantwortlich, wenn er bei der Begehung der schädigenden Handlung nicht die zur Erkenntnis der Verantwortlichkeit erforderliche Einsicht hat
3. das gleiche gilt von einem Taubstummen

Frage 232
Welche Verantwortlichkeit haben Bewußtlose, Alkoholisierte und verwirrte Menschen gemäß Paragraph 827 BGB:

§ 827 BGB:
"Wer im Zustande der Bewußtlosigkeit oder in einem die freie Willensbestimmung ausschließenden Zustande krankhafter Störung der Geistestätigkeit einem anderen Schaden zufügt, ist für den Schaden nicht verantwortlich. Hat er sich durch geistige Getränke oder ähnlichen Mittel in einen vorübergehenden Zustand dieser Art versetzt, so ist er für einen Schaden, den er in diesem Zustand widerrechtlich verursacht, in gleicher Weise verantwortlich, wie wenn ihm Fahrlässigkeit zur Last fiele; die Verantwortlichkeit tritt nicht ein, wenn er ohne Verschulden in den Zustand geraten ist."

Frage 233
Schadensersatzpflichtig ist man bei vorsätzlicher oder fahrlässiger Verletzung:

1) des Körpers eines anderen
2) des Eigentums eines anderen
3) der Gewohnheiten eines anderen
4) des Lebens eines anderen
5) der Gedanken eines anderen
6) der Freiheit eines anderen
7) der Gesundheit eines anderen
8) des Rechts eines anderen

O A) 1+4+5+8 O B) 1+4+7 O C) 1+2+4+6+7+8
O D) 2+4+8   O E) 3+5+7+8

Frage 234
Falsche oder fingierte Eintragungen in das Dokumentationssystem:
1) bedeuten eine Verletzung der Schweigepflicht
2) können zu einer falschen Behandlung des Patienten führen
3) können, wenn sich Folgeschäden für den Patienten einstellen, zu einer Anklage wegen fahrlässiger Körperverletzung führen
4) sind in Fällen großer Arbeitsbelastung des Pflegepersonals ausnahmsweise erlaubt

O A) 1+2+3;   O B) 3+4;   O C) 2+4;
O D) 1+3;   O E) 2+3

Frage 233 = C;   Frage 234 = E

Frage 235
Eine Pflegeperson, die trotz entsprechender Ausbildung durch fehlerhaftes Vorgehen einen Spritzenabszeß verursacht:

1) ist in jedem Fall mit Geldstrafe oder Gefängnis zu bestrafen
2) muß mit Schadensersatzansprüchen des betroffenen Patienten rechnen
3) kann wegen fahrlässiger Körperverletzung angeklagt werden

O A) 1+2;　　O B) 1+3;　　O C) 2+3

Frage 236
Was wird durch einen Mietvertrag geregelt:

- Mietzins (Mietpreis)
- Vermietung der Wohnung, eines Hauses etc.
- Rechte und Pflichten des Vermieters und des Mieters

Frage 237
In welchen Fällen kann der Vermieter eine Kündigung aussprechen:

ordentliche Kündigung
- bei Eigenbedarf
- bei Verletzung der vertraglichen Pflichten seitens des Mieters
- bei erheblichem Verlust durch keine anderweitige wirtschaftliche Verwertung des Grundstückes

fristlose Kündigung
- bei vertragswidrigem Gebrauch
- bei Zahlungsverzug des Mieters über einer Monatsmiete
- bei unzumutbaren Mietverhältnissen

Frage 235 = C

II. Gesetzeskunde/Zivilrecht

Frage 238
Der Vermieter teilt dem Mieter schriftlich eine Mieterhöhung mit. Was hat der Mieter zu tun:

1. Der Mieter muß der Erhöhung innerhalb von 2 Monaten zustimmen.
2. Der Mieter kann nach Erhalt des Mieterhöhungsverlangens die Wohnung kündigen.

Frage 239
Wann darf der Vermieter den Mietzins nicht anheben:

1) wenn er vor weniger als einem Jahr bereits die Miete erhöht hat
2) wenn er modernisiert hat
3) wenn im Mietvertrag eine Staffelmiete festgeschrieben ist
4) wenn er dies dem Mieter nicht schriftlich mitteilt und begründet
5) wenn die derzeitige Miete 5% unter der ortsüblichen Vergleichsmiete liegt

O A) 1+4+5;   O B) 1+3+4;   O C) 2+4+5;   O D) 1+3+5

Frage 240
Welche Aussagen sind richtig:

1) kleinere Reparaturen sind Sache des Mieters
2) Haltung von Kleintieren ist ohne Erlaubnis des Vermieters gestattet
3) der Vermieter darf die Miete nicht unbegründet erhöhen
4) der Mieter darf seine Wohnung untervermieten
5) der Mieter darf grundlos den Mietvertrag kündigen

O A) 2+3+5;   O B) 3+4;   O C) 1+4+5;
O D) 1+5;   O E) 1+2

Frage 239 = B;   Frage 240 = A

Frage 241
Ordnen Sie den Kündigungsgründen die Kündigungsart zu:

Liste 1
1) fristlose Kündigung
2) ordentliche Kündigung

Liste 2
a) Mieter ist seit längerer Zeit mit zwei Monatsmieten in Verzug
b) Mieter kommt seinen vertraglichen Pflichten nicht nach
c) Mieter ist nach zwei Zahlungsterminen mit mehr als einer Monatsmiete im Verzug
d) Vermieter beansprucht Eigenbedarf
e) Mieter stellt eine Gefahr für die Wohngemeinschaft dar
f) Vermieter möchte durch wirtschaftliche Verwertung das Grundstück nutzen

O A) 1a,c,e; 2b,d,f;   O B) 1a,b,f; 2c,d,e;   O C) 1 a,b,c; 2d,e,f

---

Frage 242
Wer kann nach den Bestimmungen des Bürgerlichen Gesetzbuches nur erben:

§ 1923 BGB:
"Erbe kann nur werden, wer zur Zeit des Erbfalles lebt. Wer zur Zeit des Erbfalles noch nicht lebt, aber bereits erzeugt war, gilt als vor dem Erbfall geboren."

Frage 243
Wie wird der Nachlaß eines Verstorbenen geregelt:

- per Testament
- per Gesetz

Frage 241 = A

Frage 244
Wird ein Erbe nicht per Testament geregelt, so tritt die im Bürgerlichen Gesetzbuch festgeschriebene Erbfolge in Kraft. Wie sieht diese aus:

- Abkömmlinge des Erblassers
  = Erben der 1. Ordnung
- Eltern des Erblassers und deren Abkömmlinge
  = Erben der 2. Ordnung
- Großeltern des Erblassers und deren Abkömmlinge
  = Erben der 3. Ordnung
- Urgroßeltern des Erblassers und deren Abkömmlinge
  = Erben der 4. Ordnung
- die entfernteren Voreltern des Erblassers und deren Abkömmlinge
  = Erben der fünften und ferneren Ordnungen

Frage 245
Welche Ordnung wird bei einer nach gesetzlicher Erbfolge geregelten Erbschaft berücksichtigt:

Solange ein Verwandter einer vorhergehenden Ordnung vorhanden ist, sind alle Verwandten der nachfolgenden Ordnungen nicht an der Erbschaft beteiligt.

Frage 246
Wie sieht die gesetzliche Regelung der Erbschaft der Ehegatten aus:

- Ehegatte erbt neben

  - Verwandten der 1. Ordnung 1/4 des Erbes
  - Verwandten der 2. Ordnung 1/2 des Erbes
  - Verwandten der 3. Ordnung das gesamte Erbe

- Ehe muß zum Zeitpunkt des Todes des Erblassers bestehen

Frage 247
Entscheidend für den Erbteil des Ehegatten ist auch der Güterstand der Ehe. Nennen Sie die Unterschiede:

Zugewinngemeinschaft
- ordentlicher Güterstand
- Erbteil des Ehegatten wird um 1/4 erhöht

Gütergemeinschaft
- es gelten die gesetzlichen Erbregelungen
- Haushaltsgegenstände gehen als Voraus in den Besitz des Ehegatten über

Gütertrennung
- Ehegatte erbt mit den als gesetzliche Erben berufenen Kindern zu gleichen Teilen

---

Frage 248
Was ist ein Pflichtteil:

Ist ein Erbe auf Grund eines Testamentes enterbt worden, so kann er seinen Pflichtteil einklagen. Der Pflichtteil macht die Hälfte des gesetzlichen Erbteils aus.

Frage 249
Wer kann ein Testament errichten:

Ein Testament kann jeder errichten, der sein sechzehntes Lebensjahr vollendet hat, außer er kann wegen krankhafter Störungen der Geistestätigkeit, wegen Geistesschwäche oder wegen Bewußtlosigkeit die Bedeutung seiner Willenserklärungen nicht einsehen (Testierfähigkeit).

Frage 250
Es gibt verschiedene Arten von Testamenten. Nennen Sie diese und erläutern Sie kurz:

ordentliche Testamente
- *eigenhändiges Testament*
  = eigenhändig geschriebenes und unterschriebenes Testament
- *öffentliches Testament*
  = beim Notar schriftlich abgegebenes oder mündlich vorgetragenes Testament

außerordentliches Testament
- sind nichtig, wenn der Erblasser nach 3 Monaten noch lebt
- Zeugen bei außerordentlichen Testamenten dürfen nicht im Testament bedacht sein
- *Dreizeugentestament*
  = mündliche Erklärung vor drei Zeugen, die schriftlich festgehalten werden muß
- *Bürgermeistertestament*
  = wie öffentliches Testament, nur vor dem Bürgermeister mit zwei zusätzlichen Zeugen (bei Unmöglichkeit eines öffentlichen Testamentes)
- *Seetestament*
  = wie öffentliches Testament, nur vor dem Kapitän eines deutschen Schiffes außerhalb eines inländischen Hafens mit zwei Zeugen (bei Unmöglichkeit eines öffentlichen Testamentes)

Frage 251
Was sollte in einem Dreizeugentestament alles niedergeschrieben werden:

- letzter Wille
- Personalien des Erblassers und der Zeugen
- Grund für Dreizeugentestament
- Unterschrift des Erblassers (oder Hinweis auf Unterschriftsunfähigkeit)
- Unterschrift der Zeugen

Frage 252
Wann kann ein Dreizeugentestament errichtet werden:

O A) zu jeder Zeit
O B) wenn gerade kein Notar erreichbar ist
O C) wenn ein Versterben vor dem Eintreffen eines Notars befürchtet wird

Frage 253
Durch was kann ein Erbe geregelt werden:

1) durch die Entscheidung des Ehegatten des Verstorbenen
2) durch ein Testament
3) durch das Fünfte Buch des BGB
4) durch Absprache der hinterbliebenen Familie

O A) 2+3;   O B) 1+3;   O C) 1+2+3;   O D) 2+4

Frage 254
Ein Witwer hinterläßt zwei Söhne und eine Tochter. Außerdem leben noch seine Mutter und eine Tante. Wer ist erbberechtigt und wie sehen die Erbteile aus (kein Testament vorhanden):

O A) der älteste Sohn ist Alleinerbe
O B) die drei Kinder erben je 1/6 und die Mutter des Verstorbenen erbt 1/2 des Erbes
O C) die drei Kinder erben zu gleichen Teilen (je 1/3)
O D) die Mutter erbt 3/4 und die Tante 1/4 des Erbes
O E) das älteste Kind erbt das gesamte Erbe

Frage 252 = C;   Frage 253 = A;   Frage 254 = C

Frage 255
Ordnen Sie die Verwandten den jeweiligen Erbordnungen zu:

Liste 1
1) Erben der 1. Ordnung
2) Erben der 2. Ordnung
3) Erben der 3. Ordnung

Liste 2
a) Kinder des Verstorbenen
b) Eltern des Verstorbenen
c) Enkel des Verstorbenen
d) Geschwister des Verstorbenen
e) Großeltern des Verstorbenen
f) Onkel und Tanten des Verstorbenen

O A) 1a; 2b,d; 3c,e,f;   O B) 1a,c; 2b,d; 3e,f;
O C) 1a,c; 2b,d,f; 3e;   O D) 1b,d,f; 2a,c; 3e

Frage 256
Was erbt der hinterbliebene Ehegatte aus einer Gütergemeinschaft:

O A) die Hälfte des Erbteils
O B) den gesetzlichen Erbteil plus den Hausrat
O C) den Hausrat

Frage 257
Was erhält ein enterbtes Kind, das den Pflichtteil einklagt:

O A) seinen gesetzlichen Erbteil
O B) die Hälfte des gesetzlichen Erbteils
O C) ein Viertel des gesetzlichen Erbteils

Frage 255 = B;   Frage 256 = B;   Frage 257 = B

Frage 258
Ein Ehemann stirbt. Die Eheleute, mit zwei Kindern, lebten in einer Zugewinngemeinschaft (kein Testament vorhanden). Wie sieht das Erbteil aus:

1) die Ehefrau erbt das gesamte Erbe
2) die Ehefrau erbt 1/3 des Erbes plus den Hausrat
3) die Ehefrau erbt die Hälfte des Erbes
4) die Kinder erben je 1/4 des Erbes
5) das erste Kind erbt die Hälfte, das zweite Kind 1/6 des Erbes
6) die Ehefrau und die Kinder erben zu gleichen Teilen
7) allein die Kinder erben zu gleichen Teilen

O A) 1;   O B) 2+5;   O C) 3+4;   O D) 6;   O E) 7

Frage 259
Ordnen Sie die verschiedenen Testamentarten zu:

Liste 1
1) öffentliches Testament
2) Dreizeugentestament
3) Bürgermeistertestament

Liste 2
a) sollte nur in Notfällen durchgeführt werden
b) ist nur für 3 Monate gültig
c) ist nach dem Tod des Erblassers an das Nachlaßgericht abzuliefern
d) ist ein Testament vor dem Notar

O A) 1a,b; 2c; 3d
O B) 1d,b; 2a,b,c; 3c
O C) 1d; 2a,b,c; 3b

Frage 258 = C;   Frage 259 = C

Frage 260
Was muß bei einem Dreizeugentestament erfüllt sein:

1) es müssen drei Zeugen zugegen sein, die im Testament nicht bedacht sind
2) es muß vom Erblasser selbst geschrieben sein
3) es muß notariell beglaubigt sein
4) es muß in deutscher Sprache verfaßt sein
5) es darf nicht älter als 3 Monate sein

O A) 1+5;   O B) 1+2+4; O C) 2+3+5; O D) 3+4+5;   O E) 1+2+4+5

Frage 261
Ordnen Sie den verschiedenen Testamentarten die entsprechenden Aussagen zu:

Liste 1
1) öffentliches Testament
2) eigenhändiges Testament
3) Bürgermeistertestament
4) Dreizeugentestament

Liste 2
a) gehört zu den ordentlichen Testamenten
b) gehört zu den außerordentlichen Testamenten
c) wird von einem Notar errichtet, laut mündlicher oder schriftlicher Erklärung
d) muß vom Erblasser selbst geschrieben sein
e) möglich, wenn öffentliches Testament oder Bürgermeistertestament nicht möglich, in mündlicher Form vor drei Zeugen mit Niederschrift
f) nur bei Besorgnis des vorzeitigen Ablebens, und wenn die Errichtung eines Testamentes vor einem Notar nicht möglich ist
g) Niederschrift muß vorgelesen, genehmigt und unterschrieben werden von Erblasser und Zeugen
h) wird unwirksam, wenn Erblasser nach drei Monaten noch lebt
i) darf nicht nach Diktat von Dritten geschrieben und im Auftrag unterschrieben sein

O A) 1a; 2b,d,i; 3b,f,h; 4b,e,g,h;   O B) 1a,c; 2b,d; 3b,f: 4b,e,g,h;
O C) 1a,c; 2a,d; 3b,f,h; 4e,g;   O D) 1a,c; 2a,d,i; 3b,f,h; 4b,e,g,h

---

Frage 260 = A;   Frage 261 = D

Frage 262
Für wen kann das Vormundschaftsgericht einen Betreuer bestellen:

- für einen Volljährigen, der auf Grund einer psychischen Krankheit oder einer körperlichen, geistigen oder seelischen Behinderung seine Angelegenheiten ganz oder teilweise nicht besorgen kann
- auf Antrag eines Volljährigen, der auf Grund einer körperlichen Behinderung seine Angelegenheiten nicht besorgen kann
- ein Betreuer darf nur für Aufgabenkreise bestellt werden, in denen die Betreuung erforderlich ist
- die Betreuung ist aufzuheben, wenn ihre Voraussetzungen wegfallen

Frage 263
Wer kann laut Betreuungsgesetz zum Betreuer bestellt werden:

- ehrenamtliche Betreuer
- Mitarbeiter eines anerkannten Betreuungsvereins
- Mitarbeiter einer Betreuungsbehörde

Der Betreute kann Vorschläge zur Person des Betreuers machen.

Frage 264
Welche Aufgaben hat der Betreuer nach dem Betreuungsgesetz:

- der Betreuer hat die Angelegenheiten des Betreuten so zu besorgen, wie es dessen Wohl entspricht
  (zum Wohl des Betreuten gehört auch die Möglichkeit, im Rahmen seiner Fähigkeiten sein Leben nach seinen eigenen Wünschen und Vorstellungen zu gestalten)
- der Betreuer hat Wünsche des Betreuten zu entsprechen
- der Betreuer hat alle wichtigen Angelegenheiten vorher mit dem Betreuten zu besprechen
- freiheitsentziehende Maßnahmen sind nur mit Genehmigung des Vormundschaftsgerichtes zulässig

Strafrecht

Frage 265
Welches Verhalten ist eine Straftat:

jedes Verhalten, das den Tatbestand eines Strafgesetzes erfüllt, rechtswidrig und schuldhaft ist

---

Frage 266
Erklären sie diese drei Begriffe "tatbestandsmäßig", "rechtswidrig" und "schuldhaft":

tatbestandsmäßig
- eine Tat ist tatbestandsmäßig, wenn sie mit allen im Strafgesetz festgelegten Tatbestandsmerkmalen übereinstimmt

rechtswidrig
- eine Tat ist rechtswidrig, wenn sie durch keine Rechtsgründe gerechtfertigt werden kann (z. B. Notwehr)

schuldhaft
- eine Tat ist nur dann schuldhaft, wenn der Täter für sein Verhalten zur Verantwortung gezogen werden kann

---

Frage 267
Bei einer Straftat ist zu unterscheiden zwischen Verbrechen und Vergehen:

Die Unterscheidung richtet sich nach der Strafandrohung.

Verbrechen
- ist eine Straftat, die mit mindestens einem Jahr Freiheitsstrafe geahndet wird

Vergehen
- ist eine Straftat, die mit geringer Freiheitsstrafe oder Geldstrafe geahndet wird

Frage 268
Ist auch eine Unterlassung eine Straftat:

Jede Handlung, die es unterlässt einen Tatbestand eines Strafgesetzes zu verhindern, ist eine Straftat (z. B. unterlassene Hilfeleistung).

Frage 269
Jede vorsätzliche Tat ist strafbar, bei fahrlässigen Handlungen muß im Gesetzestext gesagt werden, daß diese strafbar sind. Unterscheiden Sie die Begriffe "vorsätzlich" und "fahrlässig":

vorsätzlich
- Vorsatz ist jede Handlung oder Unterlassung, die mit dem Bewußtsein geschieht, daß die Handlung für einen anderen schädliche Folgen hat

fahrlässig
- bei einer fahrlässigen Handlung wird die erforderliche Sorgfalt außer acht gelassen

Frage 270
Wer kann für eine Tat bestraft werden:

- derjenige, der die Tat begeht
- derjenige, der die Tat durch einen anderen begehen läßt
- bei gemeinschaftlicher Tat durch mehrere, jeder der Beteiligten (Mittäterschaft)
- derjenige, der andere zu einer Tat anstiftet
- derjenige, der vorsätzlich Beihilfe zur Tat leistet

Frage 271
Wann ist der Versuch einer Straftat strafbar:

Versuch eines Vergehens
- nur strafbar, wenn ausdrücklich im Gesetz gesagt

Versuch eines Verbrechens
- jederzeit strafbar

Frage 272
Ärzte und Angehörige der Pflegeberufe unterliegen der Schweigepflicht. Was bedeutet dies:

Geheimnisse, die einer Pflegeperson in der Ausübung ihrer Tätigkeit anvertraut werden, sind zu schützen.

Frage 273
Wann verletzt eine Pflegeperson die ihr auferlegte Schweigepflicht:

Bei jeglicher Offenbarung eines Geheimnisses gegenüber nicht eingeweihten Dritten, ohne daß dies für das Behandlungsgeschehen von Bedeutung ist, wird die Schweigepflicht verletzt.

Frage 274
Wann sind Sie als Altenpflegekraft von der Schweigepflicht entbunden:

- bei Einwilligung des Geheimnisträgers
- bei einer gesetzlich vorgeschriebenen Meldung
- bei Weitergabe des Geheimnisses an berufene Personen (andere behandelnde Pflegekräfte)
- bei Anzeige von Straftaten

Frage 275
Nennen Sie mögliche Geheimnisse:

- alle Angaben über das Krankheitsbild
- alle Angaben über familiäre Tatsachen
- alle Angaben über wirtschaftliche Tatsachen
- Drittgeheimnis (z. B. Tatsache über einen Familienangehörigen)

Frage 276
Wann wird eine Verletzung der Schweigepflicht strafrechtlich verfolgt:

Um die Tat verfolgen zu können, bedarf es eines Strafantrags des Geheimnisgeschützten. So kann dieser entscheiden, ob sein Geheimnis vor einem Gericht verhandelt werden soll.

Frage 277
Wer macht sich der Aussetzung Hilfloser strafbar:

- wer gebrechliche oder kranke Personen aussetzt
- wer Personen, die unter seiner Obhut stehen, in einer hilflosen Situation verläßt

---

Frage 278
Was versteht man unter einer Körperverletzung:

Jede physische, wie auch psychische körperliche Mißhandlung und gesundheitliche Beschädigung, erfüllt den Tatbestand der Körperverletzung.

Frage 279
Mit welchen Gründen kann eine Körperverletzung gerechtfertigt werden:

- Einwilligung
- mutmaßliche Einwilligung
- Notstand

Frage 280
Wann wird eine Körperverletzung strafrechtlich verfolgt:

- nach Stellung eines Strafantrages des Betroffenen
- bei besonderem öffentlichem Interesse

Frage 281
Wann liegt eine gefährliche Körperverletzung vor:

Tat wurde
- unter Zuhilfenahme einer Waffe ausgeübt
- von mehreren gemeinschaftlich verübt
- mittels einer das Leben gefährdenden Behandlung begangen
- durch einen hinterlistigen Überfall ausgeführt

bereits der Versuch ist strafbar

Frage 282
Erläutern Sie den Begriff "Mißhandlung Schutzbefohlener":

Wer Personen, die seiner Fürsorge oder Obhut unterstehen,
- quält
- roh mißhandelt
- durch Vernachlässigung seiner Pflicht, für sie zu sorgen, sie gesundheitlich schädigt

macht sich strafbar.

Frage 283
Was versteht man unter einer schweren Körperverletzung:

Jede Körperverletzung, die
- den Verlust einer Gliedmaße
- den Verlust des Sehvermögens
- den Verlust des Gehörs
- den Verlust der Sprache
- den Verlust der Zeugungsfähigkeit
- Entstellung
- Siechtum
- Lähmung
- Geisteskrankheit

nach sich zieht, ist eine schwere Körperverletzung.

Frage 284
Wann kommt eine Körperverletzung mit Todesfolge in Betracht:

Eine Körperverletzung mit Todesfolge kommt in Betracht, wenn zwischen der Körperverletzung und dem Ableben ein enger, erkennbarer Zusammenhang besteht.

Frage 285
Ist Sterbehilfe strafbar:

Handelt es sich um eine Tötung auf Verlangen, so ist bereits der Versuch strafbar. Jedoch Hilfe zum Selbstmord ist nicht strafbar. Auch eine passive Sterbehilfe (Unterlassen aller weiter lebensverlängernden Maßnahmen) nach einem Patiententestament eines urteilsfähigen Patienten, in dem dieser schriftlich anordnet, daß bei einer unheilbaren Erkrankung keine lebenserhaltende Maßnahme ergriffen werden soll, ist straffrei.

Frage 286
Wann ist der Tatbestand einer fahrlässigen Tötung erfüllt:

Derjenige, der das Ableben eines anderen durch seine Fahrlässigkeit verschuldet, macht sich der fahrlässigen Tötung schuldig. Unter fahrlässig versteht man, wenn die notwendige Sorgfalt außer acht gelassen wurde.

Frage 287
Was versteht man unter Freiheitsberaubung:

Wird ein Mensch eingesperrt oder auf andere Weise des Gebrauchs der persönlichen Freiheit beraubt, so liegt eine Freiheitsberaubung vor.

Frage 288
Ist das Fixieren eines alten Menschen strafbar:

Ja, denn es erfüllt den Tatbestand der Freiheitsberaubung, sofern der Betroffene nicht in die Fixierung eingewilligt hat oder eine mutmaßliche Einwilligung vorausgesetzt werden kann.

Frage 289
Was sagt das Strafgesetzbuch über den sexuellen Mißbrauch Widerstandsunfähiger:

Wer an einen anderen, der wegen
  - krankhaften seelischen Störungen
  - tiefgreifenden Bewußtseinsstörungen
  - wegen Schwachsinn
  - körperlicher Widerstandsunfähigkeit

dadurch mißbraucht, daß er unter Ausnutzung der Widerstandsunfähigkeit sexuelle Handlungen vornimmt oder vornehmen läßt, wird mit Freiheitsstrafe oder Geldstrafe bestraft.

Frage 290
Wann ist eine Tat nicht schuldhaft:

1) wenn die Tat von einem Kind unter 14 Jahren begangen wurde
2) wenn eine strafbare Unterlassung vorliegt
3) wenn dem Täter unbewußt ist, daß er mit seiner Tat unrecht tut
4) wenn die Tat durch einen Notstand gerechtfertigt werden kann
5) wenn die Tat nicht rechtswidrig ist

O A) 1+2+3;   O B) 2+4+5;   O C) 1+3+4+5;   O D) 3+4+5

Frage 291
Welche Handlungen sind strafbar:

1) der Gedanke an eine Straftat
2) die Vorbereitung einer Straftat
3) der Versuch eines Verbrechens
4) eine Straftat in Notwehr
5) die Anstiftung anderer zu einer Straftat

O A) 2+3+5;   O B) 1+2+3+4+5;   O C) 3+4+5;   O D) 3+5

Frage 292
Wer kann für eine Tat bestraft werden:

1) Anstifter zur Tat
2) Beobachter der Tat
3) Gehilfen zur Tat
4) Vereiteler der Tat

O A) 1+3+4;   O B) 3+4;   O C) 1+4;   O D) 1+3

Frage 290 = C;   Frage 291 = D;   Frage 292 = D

Frage 293
Wann ist die Offenbarung eines nach § 203 des STGB geschützten Geheimnisses nicht strafbar:

1) zur Erfüllung eines gesetzlichen Rechts oder einer gesetzlichen Pflicht
2) bei Offenbarung nach dem Tode des Geheimnisgeschützten
3) bei Mitteilung des Wissens an gute Bekannte des Geheimnisgeschützten
4) bei Mitteilung des Wissens an Dritte mit Zustimmung des Geheimnisgeschützten

O A) 1+2+4;   O B) 1+3;   O C) 1+4;   O D) 2+4

Frage 294
Falsche Eintragungen in das Dokumentationssystem:

1) bedeuten eine Verletzung der Schweigepflicht
2) sind zulässig, wenn dadurch ein anderes Rechtsgut geschützt werden kann
3) können, wenn sich Folgeschäden für den Bewohner einstellen, zu einer Anklage wegen fahrlässiger Körperverletzung führen
4) sind in Fällen großer Arbeitsbelastung des Pflegepersonals ausnahmsweise erlaubt
5) können zu einer falschen Behandlung des Bewohners führen
6) sind nach dem Ableben eines Bewohners erlaubt
7) sind grundsätzlich verboten

O A) 1+2+3;   O B) 2+3+4+6;   O C) 2+3;   O D) 3+5+7

Frage 293 = C;   Frage 294 = D

Frage 295
Eine unbefugte Offenbarung liegt vor:

1) bei Mitteilungen an die Presse über die Erkrankung eines prominenten Heimbewohners
2) bei Auskunft über den gesundheitlichen Zustand eines Heimbewohners an dessen Freunde
3) bei Aussagen vor Gericht zwecks Selbstverteidigung
4) bei Anzeigen zur Verhinderung von Verbrechen

O A) 1+3;   O B) 1+2;   O C) 2+3;   O D) 1+4

Frage 296
Wer ist bei Unfällen zur Hilfeleistung verpflichtet:

O A) nur, wer zur Hilfeleistung durch die Polizei oder die Rettungsdienste aufgefordert wird
O B) nur Personen, die in der Ersten Hilfe ausgebildet sind
O C) nur Ärzte
O D) nur Altenpflegerinnen und Krankenschwestern
O E) grundsätzlich jeder nach seinen Kräften und Fähigkeiten
O F) nur Ärzte, Krankenpflege- und Altenpflegepersonen

Frage 297
Welche Aussagen zur aktiven Sterbehilfe sind richtig:

1) aktive Sterbehilfe ist bei Schwerstkranken erlaubt
2) der Versuch der aktiven Sterbehilfe ist nicht strafbar
3) aktive Sterbehilfe ist strafbar
4) der Versuch der aktiven Sterbehilfe ist strafbar
5) die aktive Sterbehilfe ist nur mit Zustimmung des Arztes erlaubt

O A) 1+2;   O B) 2+5;   O C) 3+4;   O D) 1+5

Frage 295 = B;   Frage 296 = E;   Frage 297 = C

Frage 298
Wann kann von der Wahrung des Privatgeheimnisses gemäß § 203 StGB abgewichen werden:

1) wenn ein höheres Rechtsgut geschützt werden muß
2) bei der Anzeige einer Geburt (Personenstandsgesetz)
3) bei der Todesanzeige (Personenstandsgesetz)
4) bei Meldungen nach dem Bundesseuchengesetz
5) wenn ein besonderes Vertrauensverhältnis zwischen Pflegeperson und Heimbewohner besteht
6) nach dem Tode des Geheimnisgeschützten

O A) 1+2+3+6;   O B) 2+3+5;   O C) 2+3+6;   O D) 1+2+3+4

Frage 299
Ordnen Sie die Begriffe der Liste 1 den Begriffen der Liste 2 zu:

Liste 1
a) Strafgesetzbuch
b) Krankenpflegegesetz
c) Geschlechtskrankengesetz

Liste 2
1) stellt die Verletzung des Briefgeheimnisses unter Strafe
2) schützt bestimmte Berufsbezeichnungen
3) schreibt eine Behandlungspflicht vor

O A) 1a,2b,3c;   O B) 1c,2b,3a;   O C) 1b,2c,3a

Frage 298 = D;   Frage 299 = A

Frage 300
Dem Strafgesetzbuch unterliegen:

1) die Schweigepflicht
2) das Familienrecht
3) die unterlassene Hilfeleistung
4) das Erbrecht

O A) 1+2+3;   O B) 2+3+4;   O C) 3+4;   O D) 1+3

Frage 301
Die Offenbarung eines Geheimnisses wird verfolgt:

O A)   auf Antrag des Geheimnisgeschützten
O B)   von Amtswegen
O C)   immer, auch ohne Antrag

Frage 302
Eine Altenpflegeperson, die trotz entsprechender Ausbildung durch fehlerhaftes Vorgehen einen Spritzenabszeß verursacht:

1) ist in jedem Falle mit Geldstrafe zu bestrafen
2) ist in jedem Falle mit Gefängnis zu bestrafen
3) kann wegen fahrlässiger Körperverletzung angeklagt werden
4) muß mit Schadensersatzansprüchen des betroffenen Bewohners rechnen (Ersatz von Heilungskosten, Wiedergutmachung von Nachteilen etc.)
5) kann auf keinen Fall angeklagt werden, da es sich bei einem Spritzenabszeß um einen pflegerischen Kunstfehler handelt

O A) 1+2+4;   O B) 3+4;   O C) 4+5;   O D) 1+4;   O E) 2+4

| Frage 300 = D; | Frage 301 = A; | Frage 302 = B |

Sozialrecht

Frage 303
Nennen Sie die 4 Säulen der Sozialversicherung:

- Krankenversicherung
- Rentenversicherung
- Arbeitslosenversicherung
- Unfallversicherung

Frage 304
Nennen Sie die Versicherungsträger der gesetzlichen Sozialversicherung:

Krankenversicherung
- RVO-Krankenkassen
- RVO-Ersatzkassen
- Innungskrankenkassen
- Betriebskrankenkassen
- Bundesknappschaft
- Landwirtschaftliche Krankenkassen
- Seekrankenkassen

Rentenversicherung
- Bundesversicherungsanstalt für Angestellte
- Landesversicherungsanstalten für Arbeiter
- Bundesknappschaft für Beschäftige im Bergbau

Arbeitslosenversicherung
- Bundesanstalt für Arbeit

Unfallversicherung
- Berufsgenossenschaften

Frage 305
Nennen Sie die gesetzlichen Krankenversicherungen:

- Ortskrankenkassen
- Innungskrankenkassen
- Betriebskrankenkassen
- Landwirtschaftliche Krankenkasse
- Seekrankenkasse
- Bundesknappschaft
- Ersatzkassen (z.B. Deutsche Angestellten Krankenkasse, Barmer Ersatzkasse)

Frage 306
Welcher Personenkreis ist in der gesetzlichen Krankenversicherung pflichtversichert:

- alle Arbeitnehmer, deren regelmäßiges Jahreseinkommen die Grenze von 64.800,00 DM (1993 alte Bundesländer) und 47.700,00 DM (1993 junge Bundesländer) nicht überschreitet
- alle Auszubildenden
- Arbeitslose
- Studenten
- Rentner

Frage 307
Wer zahlt die Beiträge zur gesetzlichen Krankenversicherung:

- Arbeitgeber und Arbeitnehmer je zur Hälfte
- der Arbeitgeber trägt die Beiträge bei einem Brutto-Arbeitsentgelt bis zu 610,00 DM (1993) monatlich in voller Höhe

Frage 308
Nennen Sie die wichtigsten Leistungen der Krankenkasse:

Krankenbehandlung
- ärztliche Behandlung
- zahnärztliche Behandlung
- Krankenhausbehandlung
- Arzneikosten
- Verbandmittel
- Heilmittel
- Hilfsmittel (z.B. Prothesen, Hörgeräte, Stützapparate, etc.)

Krankenpflege
- häusliche Krankenpflege

Krankengeld
- (ca. 80% des regelmäßigen Arbeitsentgeltes)
- Zahlung erst ab Wegfall der Lohnfortzahlung (6 Wochen)

Rehabilitation
- Kuren
- Heilverfahren

Vorsorge
- Vorsorgeuntersuchungen

Mutterschaftshilfe
- ärztliche Betreuung
- Hebammenhilfe
- Arzneimittel
- Verbandmittel
- Heilmittel
- stationäre Entbindung (längsten 6 Tage)
- häusliche Pflege
- Mutterschaftsgeld

Krankenversicherung der Familienangehörigen
- Mitversicherung des Ehepartners und der Kinder
  (wenn nicht selbst versichert)

Sterbegeld
- ca. 2100,00 DM wenn der Verstorbene am 1.1.1989 bereits krankenversichert war

Frage 309
Nennen Sie die Zweige der gesetzlichen Rentenversicherungen:

Bundesversicherungsanstalt für Angestellte in Berlin (BfA)
= Rentenversicherung der Angestellten

Landesversicherungsanstalten (LVA)
(für jedes Bundesland eine Anstalt)
= Rentenversicherung der Arbeiter

Bundesknappschaft
= Retenversicherung für Beschäftigte im Bergbau

Frage 310
Welcher Personenkreis ist in der gesetzlichen Rentenversicherung pflichtversichert und welcher Personenkreis ist rentenversicherungsfrei:

rentenversicherungspflichtig
- alle Arbeiter ohne Rücksicht auf die Höhe des Jahresarbeitsentgelts
- alle Angestellten ohne Rücksicht auf die Höhe des Jahresarbeitsentgelts
- alle Auszubildenden

rentenversicherungsfrei
- Studenten
- Beamte
- Berufs- und Zeitsoldaten
- Beschäftigte mit geringfügigem Verdienst
- Empfänger von Altersruhegeld

Frage 311
Wer zahlt die Beiträge zur gesetzlichen Rentenversicherung:

- Arbeitgeber und Arbeitnehmer je zur Hälfte

Frage 312
Nennen Sie die wichtigsten Renten der Rentenversicherungen:

Vorgezogenes Altersruhegeld
- Versicherungszeit: mindestens 180 Monate
- Alter: 60 Jahre
- *Personenkreis*:
  - Frauen, wenn sie in den letzten 20 Jahren überwiegend gearbeitet haben
  - Arbeitslose, wenn sie in den letzten 18 Monaten mindestens 52 Wochen arbeitslos waren
  - Schwerbehinderte
  - Bezieher von Berufsunfähigkeits- bzw. Erwerbsunfähigkeitsrente

Altersruhegeld mit flexibler Altersgrenze
- Versicherungszeit: mindestens 180 Monate
- Alter: ab vollendetem 63. Lebensjahr
- *Personenkreis*:
  - alle Versicherten mit mindestens 420 anrechnungsfähigen Kalendermonaten (einschließlich der anrechenbaren Ausfallzeiten)

Altersruhegeld
- Versicherungszeit: mindestens 60 Monate
- Alter: vollendetes 65. Lebensjahr
- *Personenkreis*:
  - alle Versicherten

Hinterbliebenenrente
- Witwer- / Witwenrente
  - 60 % der Rente des verstorbenen Ehemannes / der verstorbenen Ehefrau
- Waisenrente
  - bis zum 18. Lebensjahr (bei Ausbildung bis zum 25. Lebensjahr) für die Halbweisen bzw. Vollweisen eines Versicherten

Berufsunfähigkeitsrente
- Versicherungszeit: mindestens 5 Jahre
- Versicherungsfall: Berufsunfähigkeit

Erwerbsunfähigkeitsrente
- Versicherungszeit: mindestens 5 Jahre
- Versicherungsfall: Erwerbsunfähigkeit

Frage 313
Erklären Sie die Begriffe Berufsunfähigkeit und Erwerbsunfähigkeit

Berufsunfähigkeit
- Berufsunfähigkeit liegt vor, wenn die Erwerbsfähigkeit eines Versicherten infolge von Krankheit, Gebrechen oder Schwäche seiner körperlichen oder geistigen Kräfte auf weniger als die Hälfte eines Arbeitnehmers, mit gleicher Ausbildung und gleichem Kenntnisstand, herabgesunken ist.

Erwerbsunfähigkeit
- Erwerbsunfähigkeit liegt vor, wenn die Erwerbsfähigkeit eines Versicherten infolge von Krankheit, Gebrechen oder Schwäche seiner körperlichen oder geistigen Kräfte auf unbestimmte Zeit nicht mehr ausgeübt werden kann oder wenn infolge der Minderung der Erwerbsfähigkeit nur noch geringfügige Einkünfte erzielt werden können.

Frage 314
Welche Leistungen gewähren die Rentenversicherungsträger zur Erhaltung, Besserung und Wiederherstellung der Erwerbsfähigkeit ihren Versicherten:

medizinische Leistungen zur Rehabilitation
- Heilverfahren (Kur)
- ärztliche Behandlung
- Arznei- und Verbandmaterial
- Körperersatzteile
- Krankengymnastik, Bewegungstherapie, etc.
- Sprachtherapie
- Arbeitshilfsmittel

berufsfördernde Rehabilitation
- Hilfen zur Erlangung oder Erhaltung eines Arbeitsplatzes
- Eingliederungshilfen
- Umschulung
- Fortbildung
- berufliche Anpassung

ergänzende Leistungen zur Rehabilitation
- Übernahme der Ausbildungskosten
- Übernahme von Reisekosten
- Zahlung von Übergangsgeld

Frage 315
Nennen Sie die Träger der gesetzlichen Unfallversicherung:

Träger sind die Berufsgenossenschaften, die nach Berufsgruppen organisiert sind;
z.B. Berufsgenossenschaft für Gesundheitsdienst und Wohlfahrt
mit Sitz in Hamburg

Frage 316
Wer ist in der Unfallversicherung versichert:

- alle Arbeitnehmer eines Betriebes unabhängig vom Einkommen (auch freiwillige Helfer)
- Ersthelfer bei Unfällen
- Kindergartenkinder, Schüler und Studenten

Frage 317
Wer zahlt die Beiträge zur Unfallversicherung:

- die Beiträge werden allein durch den Arbeitgeber aufgebracht

Frage 318
Welche Leistungen gewährt die Unfallversicherung:

Folgekosten eines Betriebsunfalls oder einer Berufskrankheit
zum Beispiel:

Heilbehandlung
- ärztliche Behandlung
- Verletztengeld
- Heilmittel
- Rehabilitationskuren

Berufshilfen
- Umschulung
- Weiterbildung
- Wiedereingliederung

Verletztenrente
- richtet sich nach dem Grad der Erwerbsminderung und der Höhe des Jahresarbeitsverdienstes

Sterbegeld
- an die Hinterbliebenen

Hinterbliebenenrente
- Witwenrente / Witwerrente
- Waisenrente

Frage 319
Was ist ein Betriebsunfall:

- alle Unfälle am Arbeitsplatz (auch in der Pause)
- alle Unfälle auf dem unmittelbaren Wege nach und von der Arbeitsstätte (Wegeunfall)

Frage 320
Was ist eine Berufskrankheit:

- Krankheiten, die durch berufsspezifische Tätigkeiten ausgelöst werden (alle Berufskrankheiten sind in einer speziellen Berufskrankheitsverordnung genannt)
- Berufserkrankungen bei AltenpflegerInnen können sein:
  - Infektionskrankheiten
  - Desinfektionsmittelallergie
  - Wirbelsäulenveränderungen

Frage 321
Welche Aufgabe haben die Berufsgenossenschaften außer den Leistungen bei einem Betriebsunfall oder einer Berufskrankheit:

- Erlaß von Unfallverhütungsvorschriften
- Überwachung der Betriebe auf Durchführung der Unfallverhütungsvorschriften

Frage 322
Wer ist Träger der Arbeitslosenversicherung:

- die Bundesanstalt für Arbeit in Nürnberg

Frage 323
Wer ist in der Arbeitslosenversicherung pflichtversichert:

- alle Arbeitnehmer, die gegen Entgelt beschäftigt werden und krankenversicherungspflichtig sind

Frage 324
Wer ist nicht in der Arbeitslosenversicherung pflichtversichert:

- Beamte
- Arbeitnehmer mit einer kurzzeitigen Beschäftigung
- Bezieher von Altersruhegeld
- geringfügig Beschäftigte

Frage 325
Wer zahlt die Beiträge zur Arbeitslosenversicherung:

Arbeitnehmer und Arbeitgeber je zur Hälfte

Frage 326
In welche zwei großen Bereiche gliedert sich der vierte Zweig der Sozialversicherung:

- Arbeitslosenversicherung
- Arbeitsförderung

Frage 327
Nennen Sie die wichtigsten Leistungen der Arbeitslosenversicherung:

- Arbeitslosengeld
- Kurzarbeitergeld
- Konkursausfallgeld
- Arbeitslosenhilfe

Frage 328
Nennen Sie die wichtigsten Aufgaben der Arbeitsförderung:

- Berufsberatung
- Arbeitsvermittlung
- Berufsförderung
- Arbeitsforschung

Frage 329
Wer hat Anspruch auf Arbeitslosengeld:

Anspruch auf Arbeitslosengeld hat, wer:
- arbeitsfähig und arbeitswillig ist
- arbeitslos ist
- die Anwartschaft (Beschäftigungsdauer von 360 Kalendertagen) erfüllt
- der Arbeitsvermittlung zur Verfügung steht
- den Antrag auf Arbeitslosengeld persönlich beim Arbeitsamt gestellt hat
- den Anspruch auf Arbeitslosengeld noch nicht erschöpft hat (Arbeitslosengeld wird in der Regel für 165 Tage gezahlt)

Frage 330
Was ist die Arbeitslosenhilfe:

- Arbeitslosenhilfe wird vom Arbeitsamt an bedürftige Arbeitslose gezahlt, wenn ihr Versicherungsanspruch auf Arbeitslosengeld erschöpft oder die Anwartschaftszeit noch nicht erfüllt ist
- vor Zahlung wird die Bedürftigkeit (Unterhaltsverpflichtungen der Eltern, Ehefrau, Ehemann, usw. geprüft)
- Arbeitslosenhilfe wird aus Steuermitteln finanziert
- Arbeitslosenhilfe wird für maximal 1 Jahr gezahlt

Frage 331
Was ist die Aufgabe der Sozialhilfe:

Aufgabe der Sozialhilfe ist es:
- dem Hilfeempfänger die *Führung eines Lebens zu ermöglichen, das der Würde des Menschen entspricht*
- den Hilfeempfänger soweit wie möglich zu befähigen, unabhängig von der Sozialhilfe zu leben (Hilfe zur Selbsthilfe)

Frage 332
Welche Behörde ist für die Gewährung der Sozialhilfe zuständig:

- die Sozialämter der Kreise und kreisfreien Städte

Frage 333
Welche Hilfen werden nach dem Bundessozialhilfegesetz (Sozialhilfe) gewährt:

- Hilfe zum Lebensunterhalt
- Hilfe in besonderen Lebenslagen

Frage 334
Wer hat Anspruch auf Hilfe zum Lebensunterhalt:

- hilfebedürftige Personen, die ihren notwendigen Lebensunterhalt nicht aus eigenem Einkommen oder Vermögen bestreiten können

---

Frage 335
Was gehört zum notwendigen Lebensunterhalt:

- Ernährung
- Unterkunft incl. Renovierung und Instandhaltung
- Kleidung

- Wäsche
- Schuhe
- Körperpflege
- Hausrat
- Heizung
- persönliche Bedürfnisse des täglichen Lebens einschließlich Beziehungen zur Umwelt und Teilnahme am kulturellen Leben
- Taschengeld
- Krankenversicherungsbeiträge
- Kosten für eine angemessene Alterssicherung
- Bestattungskosten

Frage 336
In welcher Form wird die Hilfe zum Lebensunterhalt gewährt:

- Beratung in sozialen Fragen
- laufende und einmalige Geldleistungen nach festen Regelsätzen
- Anstalts- oder Heimpflegekosten
- Sachleistungen in besonderen Fällen
- Hilfe zur Arbeit durch Schaffung von Arbeitsgelegenheiten und Vermittlung von Arbeit

Frage 337
Haben Heimbewohner, die Hilfe zum Lebensunterhalt erhalten, einen Anspruch auf Geldleistungen:

Ja, Empfänger von Sozialhilfe haben bei Unterbringung in Anstalten, Heimen oder ähnlichen Einrichtungen einen Anspruch auf Auszahlung eines angemessenen Taschengeldes (ca. 130,00 bis 200,00 DM) zur Bestreitung von:
- kulturellen Veranstaltungen
- Zeitschriften
- Genußmittel
- Kosmetika
- Ausflüge, etc
- Geschenke

Frage 338
Welche Hilfen in besonderen Lebenslagen sieht das Bundessozialhilfegesetz vor:

- Hilfe zum Aufbau oder zur Sicherung der Lebensgrundlagen
- Ausbildungshilfe
- vorbeugende Gesundheitshilfe
- Krankenhilfe
- Hilfe für werdende Mütter und Wöchnerinnen
- Eingliederungshilfen für Behinderte
- Blindenhilfe
- Hilfe zur Pflege bei Hilflosigkeit infolge Krankheit oder Behinderung
- vorübergehende Hilfe zur Weiterführung des Haushalts
- Hilfen zur Überwindung besonderer sozialer Schwierigkeiten
- Altenhilfe

Frage 339
Leistungen der Rentenversicherung sind:

1) Sicherung bei Berufsunfähigkeit
2) Sicherung bei Erwerbsunfähigkeit
3) Sicherung bei Arbeitslosigkeit
4) Sicherung im Krankheitsfall

Ø A) 1+2   O B) 2+3   O C) 1+3+4   O D) 2+3+4

Frage 340
Träger der gesetzlichen Arbeitslosenversicherung ist:

O A)   das Arbeitsministerium
Ø B)   die Bundesanstalt für Arbeit
O C)   das Sozialamt

Frage 339 = A;   Frage 340 = B

Frage 341
Die Beiträge zur gesetzlichen Unfallversicherung:

- Ⓐ A) werden ganz vom Arbeitgeber gezahlt
- O B) werden ganz vom Arbeitnehmer gezahlt
- O C) werden je zur Hälfte vom Arbeitgeber und vom Arbeitnehmer gezahlt
- O C) sind in den Krankenversicherungsbeiträgen enthalten

Frage 342
Träger der gesetzlichen Unfallversicherung sind:

- O A) die Verbände der Freien Wohlfahrtspflege
- O B) die kassenärztlichen Vereinigungen
- O C) die Arbeitsämter
- Ⓓ D) die Berufsgenossenschaften
- O E) die Krankenversicherungen

Frage 343
Ordnen Sie die Aussagen aus Liste 1 den Begriffen der Liste 2 zu:

Liste 1
a) der Beschäftigte ist durch eine Erkrankung oder ein Leiden nicht mehr in der Lage, einer Beschäftigung nachzugehen
b) der Beschäftigte ist auf Grund einer akuten Erkrankung vorübergehend nicht in der Lage zu arbeiten
c) der Beschäftigte ist durch eine Erkrankung oder ein Leiden nicht mehr in der Lage, in seinem Beruf zu arbeiten

Liste 2
1) Arbeitsunfähigkeit 2) Berufsunfähigkeit 3) Erwerbsunfähigkeit

O A) 1a,2b,3c; O B) 1c,2b,3a; O C) 1b,2c,3a O D) 1c,2a,3b

Frage 341 = C;   Frage 342 = D;   Frage 343 = C

Frage 344
Eine Altenpflegerin ist durch eine Desinfektionsallergie berufsunfähig geworden. Welche der folgenden Kostenträger übernimmt die Kosten für eine Umschulung:

O A)   Krankenversicherung
O B)   Rentenversicherung
O C)   Arbeitsamt
Ⓧ D)   Berufsgenossenschaft
O E)   Sozialamt

Frage 345
Wer gilt als Begründer der Sozialversicherungen in Deutschland:

O A)   Kaiser Wilhelm
O B)   Konrad Adenauer
Ⓧ C)   Otto Fürst Bismarck
O D)   Friedrich Ebert

Frage 346
Welche Vorschrift sagt etwas zur Unfallsicherheit im Altenpflegeheim:

O A)   die Richtlinien der Roten Liste
O B)   die Vorschriften des Bundessozialhilfegesetzes
Ⓧ C)   die Unfallverhütungsvorschriften der Berufsgenossenschaft
O D)   die Vorschriften des Arzneimittelgesetzes
O E)   die Vorschriften der Rentenversicherung

Frage 344 = D;   Frage 345 = C;   Frage 346 = C

Frage 347
Das Mutterschutzgesetz:

1) verbietet die Beschäftigung von Müttern ab 6 Wochen vor der Entbindung
2) verbietet die Beschäftigung von Müttern bis 8 Wochen nach der Entbindung
3) verbietet die Beschäftigung von Müttern bis 12 Wochen nach der Entbindung
4) dient dem Schutz der Gesundheit von Mutter und Kind

O A) 2+4;   O B) 2+3;   O C) 1+2+4;   O D) 1+3+4

Frage 348
Für das Bundessozialhilfegesetz (BSHG) trifft zu:

1) Träger der Sozialhilfe ist der Bund
2) Träger der Sozialhilfe sind die kreisfreien Städte und Landkreise
3) Träger der Sozialhilfe ist je zur Hälfte der Bund und die kreisfreien Städte bzw. Landkreise
4) das BSHG sieht keine Leistungen an Ausländer vor
5) das BSHG garantiert jedem Bedürftigen einen Rechtsanspruch auf Leistung
6) das BSHG sieht Hilfe zum Lebensunterhalt und Hilfe in besonderen Lebenslagen vor

O A) 1+2;   O B) 2+3;   O C) 2+4;   O D) 2+5+6;   O E) 1+3+4

Frage 349
Welches Gericht ist zuständig bei Streitigkeiten mit der Krankenkasse:

- Sozialgericht

Frage 347 = A;   Frage 348 = D

Frage 350
Die Herausgabe von Unfallverhütungsvorschriften erfolgt durch:

O A)　die Gesundheitsämter
Ø B)　die Berufsgenossenschaften
O C)　die Ordnungsämter
O D)　die Gewerkschaften
O E)　die Landesversicherungsanstalten

Frage 351
Nach welcher Wartezeit besteht frühestens ein Rechtsanspruch auf eine Berufsunfähigkeitsrente:

O A)　24 Monaten
Ø B)　60 Monaten 5 Jahre
O C)　150 Monaten
O D)　180 Monaten

Frage 352
In welcher Antwort sind nur Aufgaben bzw. Leistungen der berufsgenossenschaftlichen Unfallversicherung genannt:

O A)　Waisenrente, Berufsberatung
O B)　Rente für Erwerbsminderung, Kurzarbeitergeld
Ø C)　Umschulung in einen anderen Beruf, Hinterbliebenenrente
O D)　Arbeitslosenhilfe, Hilfsmittel (z.B. Beinprothese)
O E)　Witwenrente, Altersruhegeld

Frage 350 = B;　　Frage 351 = B;　　Frage 352 = C

Frage 353
Welches Gesetz regelt die finanzielle Unterstützung im Falle der Berufsfortbildung oder Berufsumschulung:

- O A) das Altenpflegegesetz
- O B) das Betriebsverfassungsgesetz
- O C) das Personalvertretungsgesetz
- O D) das Grundgesetz
- ⊗ E) das Arbeitsförderungsgesetz
- O F) der Tarifvertrag

Frage 354
Wer trägt die Kosten der Kranken-, Renten-, und Arbeitslosenversicherung:

- O A) der Arbeitnehmer alleine
- O B) der Arbeitgeber alleine
- ⊗ C) Arbeitgeber und Arbeitnehmer je zur Hälfte
- O D) Arbeitgeber zu 40%, Arbeitnehmer zu 60%
- O E) Arbeitgeber zu 60%, Arbeitnehmer zu 40%

Frage 355
Jeder Arbeitsunfall muß an:

1) den Arbeitgeber gemeldet werden
2) den Träger der Rentenversicherung gemeldet werden
3) das zuständige Sozialamt gemeldet werden
4) die Berufsgenossenschaft gemeldet werden
5) die Bundesanstalt für Arbeit gemeldet werden

⊗ A) 1+4;   O B) 1+2;   O C) 1+3;   O D) 1+5

Frage 353 = E;   Frage 354 = C;   Frage 355 = A

Frage 356
Wer sind die Träger der gesetzlichen Arbeiterrentenversicherung:

1) die Knappschaftskrankenkassen
2) die Lebensversicherungen
3) die Landesversicherungsanstalten
4) die Bundesversicherungsanstalt in Berlin
5) die Landwirtschaftliche Alterskasse
6) die Berufsgenossenschaften
7) die Gesundheitsämter

O A) 1+4;   O B) 3+5;   O C) 2+4;   O D) 2+6;   O E) 2+7

Frage 357
Wer bringt die Mittel (Beiträge) zur gesetzlichen Unfallversicherung auf:

O A)   je zur Hälfte Arbeitnehmer und Arbeitgeber
O B)   ausschließlich der Arbeitgeber
O C)   ausschließlich der Arbeitnehmer

Frage 358
Zu den gesetzlichen Sozialversicherungen gehören:

1) Haftpflichtversicherung
2) Krankenversicherung
3) Lebensversicherung
4) Unfallversicherung
5) Rentenversicherung
6) Rechtsschutzversicherung

O A) 1+2+4;   O B) 2+3+4+5;   O C) 2+4+5;   D) 2+4+5+6

| Frage 356 = B; | Frage 357 = B; | Frage 358 = C |

II. Gesetzeskunde/Sozialrecht 149

Frage 359
Wer sind die Versicherungsträger der gesetzlichen Krankenversicherung:

1) die RVO-Kassen
2) die privaten Krankenversicherungen
3) die RVO-Ersatzkassen
4) die Bundesversicherungsanstalt für Angestellte
5) die Landesversicherungsanstalten für Arbeiter
6) die Berufsgenossenschaften
7) die Gesundheitsämter

⊘ A) 1+3;   O B) 1+2+3;   O C) 1+3+4+5;   O D) 4+5+6+7

Frage 360
Was gehört zu den Regelleistungen der gesetzlichen Krankenversicherung:

1) Rentenzahlung bei Berufsunfähigkeit
2) Sterbegeld
3) Kündigungsschutz bei Krankheit
4) Krankengeld bei Arbeitsunfähigkeit
5) Versorgung mit Arzneien

⊘ A) 1+2+4+5;   O B) 1+2+3;   O C) 2+3+4   O D) 1+2

Frage 361
Für die Gewährung von Sozialhilfe (BSHG) sind zuständig:

O A) die RVO-Kassen
O B) die RVO-Ersatzkassen
⊘ C) die örtlichen Träger der Sozialhilfe
O D) die Sozialversicherungen

| Frage 359 = A; | Frage 360 = C; | Frage 361 = C |

Frage 362
Rente wegen Erwerbsunfähigkeit erhält ein Versicherter nach Erfüllung der Wartezeit:

O A) wenn er infolge von Krankheit, Gebrechen oder sonstiger Schwächen auf nicht absehbare Zeit eine Erwerbstätigkeit in gewisser Regelmäßigkeit nicht mehr ausüben kann (geringfügige Einkünfte)
O B) wenn er infolge von Krankheit länger als 6 Wochen keiner Erwerbstätigkeit nachgehen kann
O C) wenn seine Erwerbstätigkeit infolge von Krankheit, Gebrechen oder sonstiger Schwächen auf weniger als die Hälfte vermindert ist

Frage 363
Das Bundessozialhilfegesetz unterscheidet zwischen Hilfe zum Lebensunterhalt und Hilfe in besonderen Lebenslagen. Zur Hilfe in besonderen Lebenslagen gehört:

1) Beihilfe zur Beschaffung von Kleidung
2) Hilfe für werdende Mütter
3) Ausbildungshilfe
4) Bestattungskosten
5) Hilfe zur Aufrechterhaltung des Haushalts

O A) 1+2+3;   O B) 2+3+5;   O C) 3+4+5;   O D) 2+4

Frage 364
Welcher Lohn ist für die Berechnung der Sozialversicherungsbeiträge maßgebend:

O A) der Bruttolohn
O B) der Nettolohn

Frage 362 = A;   Frage 363 = B;   Frage 364 = A

Frage 365
von welchem Lebensalter ab erhalten Männer grundsätzlich das Alters-Ruhegeld:

O A)   ab 60 Jahre
O B)   ab 63 Jahre
O C)   ab 65 Jahre
O D)   ab 68 Jahre

Frage 366
Von welchem Lebensalter ab erhalten Männer auf Antrag ggf. schon früher ein Alters-Ruhegeld:

O A)   ab 55 Jahre
O B)   ab 60 Jahre
O C)   ab 62 Jahre
O D)   ab 63 Jahre
O E)   ab 64 Jahre

Frage 367
Welche Versicherungsansprüche entstehen bei Tod des Versicherten für Familienangehörige:

O A)   keine
O B)   Abfindungsansprüche
O C)   Rentenansprüche für Ehegatten
O D)   Rentenansprüche für Ehegatten und Kinder

Frage 365 = C;   Frage 366 = D;   Frage 367 = D

Frage 368
Voraussetzung für die Versicherungsansprüche gegen die Rentenversicherung ist die Wartezeit, die mit Beiträgen belegt sein muß. Wie lang ist die Wartezeit bei der Berufs- oder Erwerbsunfähigkeitsrente:

O A)   12 Monate
O B)   24 Monate
O C)   36 Monate
O D)   60 Monate
O E)   120 Monate

Frage 369
Wie hoch sind Witwenrenten prozentual auf der Basis der Rente des Versicherten:

O A)   ca. 40%
O B)   ca. 50%
O C)   ca. 60 %
O D)   ca. 80%
O E)   ca. 90%

Frage 370
Durch wen wird das Arbeitslosengeld ausgezahlt:

O A)   den letzen Arbeitgeber
O B)   die Gewerkschaft ÖTV
O D)   die Gewerkschaft DAG
O E)   das Arbeitsamt
O F)   das Sozialamt

Frage 368 = D;   Frage 369 = C;   Frage 370 = E

Arbeitsrecht

Frage 371
Welche Aufgaben hat das Arbeitsamt:

Berufsberatung
- für Berufsanfänger
- für Berufswechsler

Arbeitsvermittlung
- für Arbeitssuchende
- für Arbeitslose

Förderung der beruflichen Bildung
- Fortbildung
- Umschulung
- Eingliederungsmaßnahmen

Zahlung von Arbeitslosengeld

Frage 372
Welche Rechte und Pflichten ergeben sich für den Arbeitnehmer aus einem Arbeitsvertrag:

- Pflicht zur Arbeit (Dienstleistung)
- Treuepflicht
- Verschwiegenheitspflicht
- Wettbewerbsverbot
- Weisungsgebundenheit

Frage 373
Welche Rechte und Pflichten ergeben sich für den Arbeitgeber aus einem Arbeitsvertrag:

- Beschäftigungspflicht
- Lohnzahlungspflicht, Lohnfortzahlungspflicht
- Pflicht zur Urlaubsgewährung
- Gleichbehandlungspflicht
- Pflicht zur Zahlung von Sozialabgaben

Frage 374
Erklären Sie die Begriffe Bruttolohn, Nettolohn und gesetzliche Abzüge:

Bruttolohn
- richtet sich in der Regel nach dem Tarifvertrag
- setzt sich zusammen aus
  - Grundlohn
  - Ortszuschlag
  - allgemeine Zulagen
  - Feiertagszuschläge
  - Überstundenvergütung

Nettolohn
- Lohn der ausgezahlt wird = Bruttolohn abzüglich der gesetzlichen Abzüge

gesetzliche Abzüge
- Lohnsteuer
- Kirchensteuer
- Rentenversicherung
- Krankenversicherung
- Arbeitslosenversicherung

Frage 375
Wie kann ein vertragliches Arbeitsverhältnis beendet werden:

Eine ohne Anhörung des Betriebsrates oder Personalrates vom Arbeitgeber ausgesprochene Kündigung ist unwirksam.

durch Kündigung
- mit Einhaltung der tariflichen oder gesetzlichen Kündigungsfrist (= ordentliche Kündigung)
- ohne Einhaltung einer Kündigungsfrist (fristlos) wenn ein wichtiger Kündigungsgrund vorliegt (= außerordentliche Kündigung)

durch Vereinbarung
- Auflösung des Arbeitsverhältnisses durch beiderseitiges Einverständnis (= Aufhebungsvertrag)

durch Beendigung eines befristeten Arbeitsvertrages

Frage 376
Was verstehen Sie unter Tarifautonomie:

Der Staat sichert den Tarifparteien (Gewerkschaften und Arbeitgeberverbände) auf dem Tarifgebiet völlige Handlungsfreiheit zu.

Frage 377
Was sind die wesentlichen Inhalte eines Tarifvertrages:

Manteltarifvertrag
- der Manteltarifvertrag hat eine längere Laufzeit und regelt die allgemeinen Arbeitsbedingungen wie
  - Arbeitszeit
  - Urlaubsanspruch
  - Urlaubsdauer
  - Kündigungsfristen
  - lohnzuschlagspflichtige Mehr-, Nacht- und Sonntagsarbeit

Gehaltstarifvertrag
- der Gehaltstarifvertrag hat eine kurze Laufzeit (ca. 1 Jahr) und regelt die
  - Höhe des Entgeltes für die einzelnen Beschäftigungsarten (Grundgehalt) und Altersstufen
  - den Ortszuschlag
  - die Zeitzuschläge

Frage 378
Welche Arbeitnehmer unterliegen einem besonderen Kündigungsschutz:

- Schwerbehinderte
- schwangere Arbeitnehmerinnen
- Auszubildende
- Betriebsratsmitglieder, Personalratsmitglieder
- Wehrpflichtige und Zivildienstleistende
- Mitglieder der Jugendvertretung

Frage 379
Welche besonderen Schutzbestimmungen schreibt das Jugendschutzgesetz vor:

Arbeitszeit
- Kinderarbeit (bis zu 14 Jahren) ist verboten
- Jugendliche (bis zu 18 Jahren) dürfen nicht mehr als 8 Stunden täglich und 40 Stunden wöchentlich beschäftigt werden
- Jugendliche dürfen nur 5 Tage in der Woche beschäftigt werden
- Unterrichtszeit in der Altenpflegeschule ist auf die Arbeitszeit anzurechnen

Ruhezeiten
- *Ruhezeit:* zwischen zwei Arbeitstagen mindestens 12 Stunden
- *Nachtruhe:* Beschäftigungsverbot zwischen 20,00 und 7,00 Uhr

Ruhepausen
- festgelegte Ruhepausen
- 1 Std. Pause bei mehr als 6-stündigem Arbeitstag

Sonntagsruhe
- Beschäftigungsverbot an Sonn- und Feiertagen (Ausnahmen: Krankenpflege, Altenpflege, Gaststätten)

Urlaub
- Die Urlaubsdauer beträgt je nach Alter 25-30 Werktage

Beschäftigungsverbote
- keine Akkord- und Fließbandarbeit
- keine Beschäftigung an gefährlichen Arbeitsplätzen

Gesundheitliche Betreuung
- Beschäftigung nur nach ärztlicher Untersuchung
- Kontrolluntersuchungen während der beruflichen Tätigkeit

Frage 380
Welche besonderen Schutzbestimmungen schreibt das Mutterschutzgesetz vor:

Kündigungsschutz
- während und 4 Monate nach der Schwangerschaft besteht Kündigungsschutz

Beschäftigungsverbot
- Verbot von Nachtarbeit, Sonntagsarbeit und Bereitschaftsdienst

für Schwangere wenn laut ärztlichem Zeugnis durch die Arbeit das Leben der Mutter oder des Kindes gefährdet wird
- 6 Wochen vor der Entbindung (Ausnahmen sind auf Wunsch der Wöchnerin möglich)
- 8 Wochen nach der Entbindung und 12 Wochen nach einer Mehrlingsgeburt besteht ein generelles Beschäftigungsverbot
- Lohnfortzahlung für die Zeit des Beschäftigungsverbotes

Schwangerschaftsuntersuchungen
- Arbeitsfreistellung für die ärztlichen Schwangerschaftsuntersuchungen

Stillzeiten
- Freistellung für die notwendigen Stillzeiten

Frage 381
Wie kommt ein Arbeitsvertrag zustande:

O A) mit der Übergabe der Arbeitspapiere
O B) durch Einigung zwischen Arbeitnehmer und Arbeitgeber
O C) durch Genehmigung des zuständigen Arbeitsamtes

Frage 382
Welche Papiere muß eine Altenpflegerin ihrem Arbeitgeber bei der Einstellung mindestens aushändigen:

1) Meldebescheinigung des Einwohnermeldeamtes
2) Taufschein
3) Lohnsteuerkarte
4) Versicherungsnachweisheft
5) Bescheinigung über ihre Kirchenzugehörigkeit

O A) 1+3+5;   O B) 3+4   O C) 1+3+4   O C) 2+3+4+5

Frage 381 = B;   Frage 382 = B

Frage 383
Wer schließt in der Regel Tarifverträge ab:

O A) der einzelne Arbeitgeber mit dem einzelnen Arbeitnehmer
O B) die Gewerkschaft mit dem einzelnen Arbeitgeber
O C) Gewerkschaft und Arbeitgeberverband

Frage 384
Welche Wirkung hat ein Tarifvertrag:

O A) Tarifverträge sind Richtlinien für den Arbeitgeber und Arbeitnehmer, sie können individuell zugunsten des Arbeitgebers oder Arbeitnehmers abgeändert werden
O B) die Regelungen sind für die Betroffenen (Arbeitgeber und Arbeitnehmer) unabänderlich
O C) die Regelungen können nur zugunsten des Arbeitnehmers abgeändert werden

Frage 385
Welche gesetzlichen Abzüge nimmt der Arbeitgeber bei der Lohnabrechnung vor:

1) Lebensversicherung
2) Krankenhaustagegeldversicherung
3) Rentenversicherung
4) Kirchensteuer
5) Lohnsteuer
6) Haftpflichtversicherung
7) Arbeitslosenversicherung
8) Rentenversicherung
9) Krankenversicherung

O A) 3+4+5+7+8+9;   O B) 2+4+5+8+9;   O C) 1+3+6+7+8+9

| Frage 383 = C; | Frage 384 = C; | Frage 385 = A |

Frage 386
Innerhalb welcher Zeit muß ein Altenpfleger dem Arbeitgeber die Arbeitsunfähgikeit anzeigen:

O A) innerhalb von 24 Stunden
O B) innerhalb von 3 Tagen
O C) zum Wochenanfang
O D) unverzüglich

Frage 387
Wer stellt die Lohnsteuerkarte aus:

O A) Arbeitgeber
O B) Gemeindebehörde
O C) Finanzamt
O D) Gewerkschaft
O E) Landesregierung

Frage 388
Für welchen Zeitraum muß im Krankheitsfall Lohn oder Gehalt mindestens fortgezahlt werden:

O A) 6 Wochen
O B) 4 Wochen
O C) 8 Wochen
O D) 12 Wochen

Frage 389
Wieviel Stunden dürfen Jugendliche bis zum 18. Lebensjahr wöchentlich höchstens beschäftigt werden:

O A) 48 Stunden   O C) 38 Stunden
O B) 40 Stunden   O D) 35 Stunden

Frage 386 = D;   Frage 387 = B;   Frage 388 = A;   Frage 389 = B

Frage 390
Wie heißt das Gesetz, das die Mitwirkung der Arbeitnehmer in einem Städtischen Altenheim regelt:

O A) Betriebsverfassungsgesetz
O B) Betriebsratsgesetz
O C) Personalgesetz
O D) Personalvertretungsgesetz

Frage 391
Wie heißt das Gesetz, das die Mitwirkung der Arbeitnehmer in einem privaten Altenheim regelt:

O A) Betriebsverfassungsgesetz
O B) Betriebsratsgesetz
O C) Personalgesetz
O D) Personalvertretungsgesetz

Frage 392
Welche gesetzliche Aufgabe hat der Betriebsrat/Personalrat in der regelmäßigen Betriebs-/Personalversammlung:

O A) Besserungsvorschläge diskutieren zu lassen
O B) Tarifverträge zu diskutieren
O C) Beschwerden entgegenzunehmen
O D) einen Tätigkeitsbericht zu erstatten

Frage 390 = D;   Frage 391 = A;   Frage 392 = D

Frage 393
Welches Gericht ist für Streitigkeiten zwischen Arbeitgebern und Arbeitnehmern im Rahmen des Arbeitsverhältnisses zuständig:

O A) Amtsgericht
O B) Arbeitsgericht
O C) Sozialgericht
C D) Verwaltungsgericht

Frage 394
Wer darf die Vertretung vor Arbeitsgerichten in der 1. Instanz übernehmen:

O A) nur Rechtsanwälte
O B) Arbeitgeber und Arbeitnehmer persönlich
O C) nur Vertreter der Berufsorganisationen
O D) nur Arbeitsrechtler
O E) Vertreter der Berufsorganisationen und Rechtsanwälte

Frage 395
Gelten für werdende Mütter besondere Kündigungsschutzbestimmungen:

O A) ja, für werdende Mütter gelten besondere Kündigungsschutzbestimmungen
O B) nein, alle Arbeitnehmer genießen den gleichen Schutz
O C) ja, für die letzen 4 Monate der Schwangerschaft
O D) nein, es sei denn, der Betriebs- oder Personalrat hat mit dem Arbeitgeber besondere Vereinbarungen getroffen

---

Frage 393 = B;   Frage 394 = E;   Frage 395 = A

Frage 396
Welche Verpflichtungen bestehen für einen Altenpfleger, der arbeitsunfähig geworden ist:

1) den Arbeitgeber unverzüglich zu informieren
2) dem Arbeitgeber innerhalb von 3 Tagen eine "ärztliche Arbeitsunfähigkeitsbescheinigung" vorzulegen
3) den Arbeitgeber regelmäßig über den Krankheitszustand zu informieren
4) dem Arbeitgeber innerhalb von zwei Tagen eine "ärztliche Arbeitsunfähigkeitsbescheinigung" vorzulegen
5) dem Arbeitgeber innerhalb von 3 Tagen eine ärztliche Bescheinigung vorzulegen, aus der die Art der Erkrankung hervorgeht

O A) 1+2;   O B) 2+3;   O C) 3+5;   O D) 1+4

Frage 397
Welche Rechte hat ein Arbeitnehmer nach dem Betriebsverfassungsgesetz (Personalvertretungsgesetz)

1) Erläuterung des Gehaltes und Beurteilung seiner Leistung
2) Einsicht in die Personalakte
3) Beschwerderecht
4) nach 10-jähriger Betriebszugehörigkeit unkündbar zu sein
5) Unterrichtung und Anhörung durch den Arbeitgeber

O A) 1+2+3+4;   O B) 1+2+3+5;   O C) 1+2+5

Frage 396 = A;   Frage 397 = B

Gesundheitsrecht

Frage 398
Was sind übertragbare Krankheiten im Sinne des Bundesseuchengesetzes:

Durch Krankheitserreger verursachte Krankheiten, die unmittelbar oder mittelbar auf den Menschen übertragen werden können.

Frage 399
Wer ist im Sinne des Bundesseuchengesetzes krank, krankheitsverdächtig, ansteckungsverdächtig, Ausscheider, ausscheidungsverdächtig:

krank
- krank ist eine Person, die an einer übertragbaren Krankheit erkrankt ist

krankheitsverdächtig
- krankheitsverdächtig ist eine Person, bei der Erscheinungen bestehen, welche das Vorliegen einer bestimmten übertragbaren Krankheit vermuten lassen

ansteckungsverdächtig
- ansteckungsverdächtig ist eine Person, von der anzunehmen ist, daß sie Erreger einer übertragbaren Krankheit (Krankheitserreger) aufgenommen hat, ohne krank, krankheitsverdächtig oder Ausscheider zu sein

Ausscheider
- Ausscheider ist eine Person, die Krankheitserreger ausscheidet, ohne krank oder krankheitsverdächtig zu sein

ausscheidungsverdächtig
- ausscheidungsverdächtig ist eine Person, von der anzunehmen ist, daß sie Krankheitserreger ausscheidet, ohne krank oder krankheitsverdächtig zu sein

Frage 400
Nennen Sie die Magen-Darm-Erkrankungen, die gemäß Bundesseuchengesetz bei Krankheitsverdacht, bei Erkrankung und bei Tod meldepflichtig sind:

- Botulismus
- Cholera
- Enteritits infektiosa
  - Salmonellose
  - übrige Formen einschließlich mikrobiell bedingter Lebesmittelvergiftung
- Paratyphus A,B und C
- Shigellenruhr

Frage 401
Nennen Sie einige Erkrankungen, die gemäß Bundesseuchengesetz bei Erkrankung und Tod meldepflichtig sind:

- Meningitis
- Enzephalitis
- Tuberkulose
- Virushepatitis
- Gasbrand
- Tetanus

Frage 402
Nennen Sie die Erkrankungen, die laut Bundesseuchengesetz nur bei Tod meldepflichtig sind:

- Influenza (Virusgrippe)
- Keuchhusten
- Masern
- Puerperalsepsis
- Scharlach

Frage 403
Welche Ausscheider sind gemäß Bundesseuchengesetz meldepflichtig:

- Cholera-Ausscheider
- Salmonellen-Ausscheider
- Typhus-Ausscheider
- Paratyphus-Ausscheider
- Shigellen-Ruhr-Ausscheider

Frage 404
Wer ist gemäß Bundesseuchengesetz zur Meldung verpflichtet:

1. der behandelnde oder sonst hinzugezogene Arzt
2. jede sonstige mit der Behandlung oder der Pflege des Betroffenen berufsmäßig beschäftigte Person
3. die hinzugezogene Hebamme
4. auf Seeschiffen der Kapitän
5. die Leiter von Pflegeanstalten, Justizvollzugsanstalten, Heimen, Lagern, Sammelunterkünften und ähnlichen Einrichtungen

---

Frage 405
An welche Stelle erfolgt die Meldung nach dem Bundesseuchengesetz:

- an das für den Aufenthalt des Betroffenen zuständige Gesundheitsamt

---

Frage 406
Innerhalb welcher Zeit muß die Meldung gemäß Bundesseuchengesetz erfolgen:

- innerhalb von 24 Stunden nach erlangter Kenntnisnahme

Frage 407
Welcher besonderen Meldepflicht unterliegen Ausscheider:

1. Ausscheider haben jeden Wechsel der Wohnung unverzüglich dem zuständigen Gesundheitsamt mitzuteilen
2. Ausscheider haben jeden Wechsel der Arbeitsstätte unverzüglich dem zuständigen Gesundheitsamt mitzuteilen
3. Ausscheider sind verpflichtet, bei der Aufnahme in ein Krankenhaus dem behandelnden Arzt mitzuteilen, daß sie Ausscheider sind

Frage 408
Welche besonderen Vorschriften sieht der 6. Abschnitt des Bundesseuchengesetzes für Altenheime vor:

1. Altenheime, Altenwohnheime und Pflegeheime, sonstige Einrichtungen zur heimmäßigen Unterbringung in Massenunterkünften unterliegen der seuchenhygienischen Überwachung durch das Gesundheitsamt. Für die Durchführung der Überwachung wird das Grundrecht der Unverletzlichkeit der Wohnung insoweit eingeschränkt
2. Personen, die in ein Altenheim, Altenwohnheim, Pflegeheim oder eine gleichartige Einrichtung aufgenommen werden sollen, haben vor oder unverzüglich nach ihrer Aufnahme der zuständigen Behörde durch Vorlage eines ärztlichen Zeugnisses nachzuweisen, daß bei ihnen eine ansteckungsfähige Tuberkulose der Atmungsorgane nicht vorliegt

Frage 409
Wer ist gemäß Bundesseuchengesetz zur Behandlung von meldepflichtigen Erkrankungen berechtigt:

- grundsätzlich nur Ärzte und Zahnärzte
- stellt ein Heilpraktiker eine meldepflichtige Erkrankung fest, muß er die Behandlung einem Arzt übertragen

Frage 410
Welche Vorschriften zur Bekämpfung übertragbarer Krankheiten sieht das Bundesseuchengesetz vor:

Behandlung übertragbarer Krankheiten
- nur durch Ärzte
- Behandlung nur mit Einwilligung des Patienten

Ermittlung
- Ermittlung durch das Gesundheitsamt über Art, Ursache, Ansteckungsquelle und Ausbreitung der Krankheit

Schutzmaßnahmen
- Beobachtung der Kranken, Krankheitsverdächtigen, Ausscheider und Ausscheidungsverdächtigen
- Absonderung in einem Krankenhaus
- Berufsverbot oder Verbot bestimmter beruflicher Tätigkeiten für Kranke, Krankheitsverdächtige, Ansteckungsverdächtige, Ausscheider und Ausscheidungsverdächtige

Frage 411
Welche Vorschriften zur Verhütung übertragbarer Krankheiten sieht das Bundesseuchengesetz vor:

Meldepflicht
- Meldung innerhalb von 24 Stunden an das Gesundheitsamt durch Ärzte, Pflegepersonen, etc.

Maßnahmen zur Verhütung
- Ermittlung durch das Gesundheitsamt (Untersuchungen)
- Anordnung von Schutzmaßnahmen
- Entseuchung, Entwesung
- Trinkwasserüberwachung
- Beseitigung von tierischen Schädlingen

Schutzimpfungen
- Anordnung von Schutzimpfungen durch die Bundes- oder Länderregierungen

Tätigkeits- und Beschäftigungsverbote beim Verkehr mit Lebensmitteln
- Personen, die an infektiösen Magen-Darmerkrankungen, an ansteckungsfähiger Tuberkulose oder Scharlach erkrankt sind oder

dessen Erreger ausscheiden, dürfen bei ihrer Berufsausübung nicht mit Lebensmitteln in Berührung kommen
- Personen, die erstmals in Betrieben beschäftigt werden in denen sie mit Lebensmitteln in Berührung kommen, haben vor Aufnahme ein amtsärztliches Zeugnis vorzulegen

Frage 412
Krank, im Sinne des Bundesseuchengesetzes ist eine Person:

O A) die unter Erscheinungen erkrankt ist, die das Vorliegen einer bestimmten übertragbaren Krankheit vermuten lassen
O B) die an einer übertragbaren Krankheit erkrankt ist
O C) die keine Krankheitssymptome aufweist, aber dauernd oder zeitweilig Krankheitserreger absondert

Frage 413
Eine gesetzliche Impfpflicht besteht für die gesamte Bevölkerung der BRD:

O A) gegen Poliomyelitis
O B) gegen Pocken
O C) nicht (es besteht für die gesamte Bevölkerung keine Impfpflicht)
O D) gegen Tbc

Frage 414
Innerhalb welcher Zeit muß eine Meldung nach dem Bundesseuchengesetz an das Gesundheitsamt erfolgen:

O A) 24 Stunden
O B) 48 Stunden

Frage 412 = B;   Frage 413 = C;   Frage 414 = A

Frage 415
Ein Ausscheider ist nach dem Bundesseuchengesetz verpflichtet:

1) jeden Wechsel der Wohnung dem bisher zuständigen Gesundheitsamt zu melden
2) jeden Wechsel der Arbeitsstätte dem bisher zuständigen Gesundheitsamt zu melden
3) sich in eine Isolierstation zu begeben
4) sich operieren zu lassen

O A) 1+3;   O B) 1+2;   O C) 2+4;   O D) 1+2+3

Frage 416
Nennen Sie alle Krankheiten, die unter das Geschlechtskrankengesetz fallen:

Syphilis (Lues)
Tripper (Gonorrhoe)
Weicher Schanker (Ulcus molle)
Venerische Lymphknotenentzündung

Frage 417
Welche Grundrechte werden durch das Bundesseuchengesetz ausdrücklich eingeschränkt:

1) das Recht auf freie Meinungsäußerung
2) das Recht auf Freizügigkeit des Aufenthaltes
3) das Recht auf Unverletzlichkeit der Wohnung
4) die Freiheit des Glaubens und Gewissens

O A) 1+3;   O B) 2+3;   O C) 2+3+4;   O D) 1+4

Frage 415 = B;   Frage 417 = B

Frage 418
Für welche Personen schreibt das Bundesseuchengesetz Untersuchungen vor:

1) für Molkereibeschäftigte
2) für Beschäftigte im Gaststättengewerbe
3) für praktische Ärzte
4) für Desinfektoren
5) für Altenpflegerinnen

O A) 1+2+4;   O B) 1+2;   O C) 1+2+3+4+5;   O D) 3+4+5

Frage 419
Wer an einer Geschlechtskrankheit leidet, darf nicht:

1) Blut spenden
2) von einem Heilpraktiker behandelt werden
3) fremde Kinder stillen
4) heiraten

O A) 1+2+4;   O B) 1+2+3;   O C) 1+3+4

Frage 420
Wer ist nach dem Bundesseuchengesetz zur Meldung einer übertragbaren Krankheit verpflichtet:

1) der Heimbewohner
2) der Heimbeirat
3) der behandelnde Arzt
4) die Angehörigen des Heimbewohners
5) der Heimleiter

O A) 2+3+5;   O B) 1+3+4;   O C) 3+5;   O D) 1+4+5

Frage 418 = B;	Frage 419 = B;	Frage 420 = C

Frage 421
Das Gesetz zur Bekämpfung der Geschlechtskrankheiten sieht vor:

1) eine geschlechtskranke Frau darf kein fremdes Kind stillen
2) Untersuchung und Behandlung von Geschlechtskrankheiten ist Heilpraktikern erlaubt
3) die Behandlung von Geschlechtskranken darf nur durch approbierte Ärzte erfolgen
4) Geschlechtskranke haben sich des Geschlechtsverkehrs zu enthalten
5) jeder Geschlechtskranke wird mit Namen und Krankheit dem zuständigen Gesundheitsamt gemeldet
6) Geschlechtskranke sind verpflichtet, sich behandeln zu lassen
7) Geschlechtskranke sind verpflichtet, die vermeintliche Infektionsquelle zu nennen

O A) 1+3+4+6+7;   O B 1+2+3+4+5;   O C) 3+4+5+7

Frage 422
Nach der Definition des Bundesseuchengesetzes ist ein Ausscheider eine Person, die:

O A) Krankheitserreger nach überstandener Krankheit nur zeitweilig ausscheidet
O B) Krankheitserreger nach überstandener Krankheit länger als 12 Wochen ausscheidet
O C) Krankheitserreger nach überstandener Krankheit länger als 6 Wochen ausscheidet
O D) Krankheitserreger dauernd oder zeitweilig ausscheidet, ohne krank oder krankheitsverdächtig zu sein
O E) Krankheitserreger dauernd ausscheidet und Zeichen der Erkrankung aufweist
O F) im Verdacht steht, dauernd oder zeitweise Krankheitserreger auszuscheiden
O G) Kontakt zu einer erkrankten Person hatte

Frage 421 = A;   Frage 422 = D

Frage 423
Nennen Sie den Zweck des Arzneimittelgesetzes:

Zweck des Arzneimittelgesetzes ist:
- im Interesse einer ordnungsgemäßen Arzneimittelversorgung von Mensch und Tier für die Sicherheit im Verkehr mit Arzneimitteln zu sorgen
- für die Qualität, Wirksamkeit und Unbedenklichkeit von Arzneimitteln zu sorgen

Frage 424
Was sind laut Arzneimittelgesetz Arzneimittel:

Arzneimittel sind Stoffe und Zubereitungen aus Stoffen, die dazu bestimmt sind, durch Anwendung am oder im menschlichen oder tierischen Körper:
- Krankheiten, Leiden Körperschäden oder krankhafte Beschwerden zu heilen, zu lindern, zu verhüten oder zu erkennen
- die Beschaffenheit, den Zustand oder die Funktion des Körper oder seelische Zustände erkennen zu lassen
- vom menschlichen oder tierischen Körper erzeugte Wirkstoffe oder Körperflüssigkeiten zu ersetzen
- Krankheitserreger, Parasiten oder körperfremde Stoffe aufzubewahren, zu beseitigen oder unschädlich zu machen
- die Beschaffenheit, den Zustand oder die Funktion des Körpers oder seelische Zustände zu beeinflussen

Frage 425
Erklären Sie die nachfolgenden Begriffe:

Apothekenpflicht
- Arzneimittel dürfen im Einzelhandel nur von Apotheken in den Verkehr gebracht werden

Verschreibungspflicht
- Arzneimittel, die nur nach Vorlage einer ärztlichen, zahnärztlichen oder tierärztlichen Verschreibung an Verbraucher abgegeben werden dürfen

Frage 426
Wie definiert das Arzneimittelgesetz die Begriffe Fertigarzneimittel, Sera, Verbandstoffe, Nebenwirkungen:

Fertigarzneimittel
- Arzneimittel, die im voraus hergestellt und in einer zur Abgabe an den Verbraucher bestimmten Packung in den Verkehr gebracht werden

Sera
- sind Arzneimittel, die aus Blut oder Organen vorbehandelter Lebewesen gewonnen werden, spezifische Antikörper enthalten und dazu bestimmt sind, wegen dieser Antikörper angewendet zu werden

Verbandstoffe
- sind Gegenstände, die dazu bestimmt sind, oberflächengeschädigte Körperteile zu bedecken oder deren Körperflüssigkeiten aufzusaugen

Nebenwirkungen
- sind die beim bestimmungsgemäßen Gebrauch eines Arzneimittels auftretenden unerwünschten Begleiterscheinungen

Frage 427
Was regelt das Betäubungsmittelgesetz:

1) die Kontrolle des legalen Betäubungsmittelverkehrs
2) die strafrechtlichen Folgen bei Verstößen gegen die Regeln des Betäubungsmittelverkehrs
3) die Arzneimittelversorgung der Bevölkerung
4) Angelegenheiten über verschreibungspflichtige Arznei- oder Betäubungsmittel

O A) 1+3;   O B) 2+3+4;   O C) 1+2;   O D) 1+4

Frage 427 = C

Frage 428
Wer darf Betäubungsmittel verschreiben:

O A) Ärzte, die im Besitz einer gültigen Approbation sind
O B) Heilpraktiker mit einer gültigen Erlaubnis
O C) Apotheker, die im Besitz einer gültigen Approbation sind
O D) Heimleiter mit einer abgeschlossenen Altenpflegeausbildung
O E) Krankenschwestern mit einer staatlichen Anerkennung

Frage 429
Betäubungsmittel sind erhältlich:

O A) in Drogerien und Apotheken
O B) auf ärztliche Verordnung
O C) auf Verordnung von Heilpraktikern und Ärzten

Frage 430
Die Medizingeräteverordnung unterteilt die medizinischen Geräte je nach Sicherheitserfordernis in vier Gruppen. Welche Geräte, die in der Altenpflege Anwendung finden, sind der Gruppe 3 und welche der Gruppe 4 zuzuordnen:

Gruppe 3
- Inhalationsgeräte
- Absauggeräte
- elektrische Patientenheber
- elektrische Heizdecke

Gruppe 4
- Blutdruckmessgeräte
- Fieberthermometer
- Spritzen und Kanülen

Frage 428 = A;   Frage 429 = B

Frage 431
Welche Vorschriften schreibt die Medizingeräteverordnung für den Anwender (Pflegeperson) der Geräte aus der Gruppe 3 und Gruppe 4 vor.

- jedes Gerät darf nur bestimmungsgemäß eingesetzt werden
- die Geräte dürfen nur von sachkundigen Personen in Betrieb genommen werden
- vor jeder Arbeit mit den Geräten hat grundsätzlich eine Prüfung der Funktionssicherheit stattzufinden
- Geräte mit Mängeln dürfen nicht in Betrieb genommen werden
- für die Geräte der Gruppe 3 ist ein Bestandsverzeichnis anzulegen

Frage 432
Welche Angaben sind in das Bestandsverzeichnis gemäß MedGV aufzunehmen:

- Herstellerfirma
- Typ
- Fabriknummer
- Anschaffungsjahr
- Standort oder betriebliche Zuordnung

Heimrecht

Frage 433
Auf welche Einrichtungen findet das Heimgesetz vom 23. April 1990 Anwendung:

- Altenheime
- Pflegeheime
- Altenwohnheime
  die alte Menschen sowie pflegebedürftige oder behinderte Volljährige nicht nur vorübergehend aufnehmen

Heime in diesem Sinne sind Einrichtungen

- die nach personeller und sachlicher Ausstattung heimmäßig betrieben werden
- die entgeltlich betrieben werden
- die Unterkunft, Betreuung, Versorgung und Pflege gewähren sowie in ihrem Bestand von Wechsel und Zahl ihrer Bewohner unabhängig sind.

Frage 434
Auf welche Einrichtung findet das Heimgesetz keine Anwendung:

- Krankenhäuser
- Rehabilitationseinrichtungen
- Altenwohnanlagen
- Altentageseinrichtungen

Frage 435
Welchen Zweck verfolgt das Heimgesetz:

- die Interessen der Bewerber für die Aufnahme in ein Heim vor Beeinträchtigungen zu schützen
- Interessen und Bedürfnisse der Heimbewohner vor Beeinträchtigungen zu schützen
- die Selbständigkeit und Selbstverantwortung der Bewohner im Heim zu wahren
- die Beratung in Heimangelegenheiten zu fördern

Frage 436
Welche Vorschriften sieht das Heimgesetz für den Heimvertrag vor:

Der Träger hat vor Abschluß des Heimvertrags den Bewerber schriftlich über den Vertragsinhalt, insbesondere über die Leistungen und die Ausstattung des Heimes sowie die Rechte und Pflichten der Bewohner, zu informieren.
- vor Aufnahme ist zwischen dem Träger und dem künftigen Bewohner ein Heimvertrag abzuschließen
- der Vertrag muß die Leistungen des Trägers im einzelnen beschreiben
- im Vertrag ist das insgesamt zu entrichtende Entgelt für alle Leistungen anzugeben
- eine Erhöhung des Entgelts ist zulässig, wenn sich seine bisherige Berechnungsgrundlage verändert hat und das erhöhte Entgelt angemessen ist
- der Träger hat seine Leistungen, soweit ihm dies möglich ist, einem verbesserten oder verschlechtertem Gesundheitszustand des Bewohners anzupassen und die hierzu erforderlichen Änderungen des Heimvertrages anzubieten
- der Heimvertrag wird auf unbestimmte Zeit geschlossen
- der Bewohner kann den Heimvertrag bis zum dritten Werktag eines Kalendermonats für den Ablauf des nächsten Monats schriftlich kündigen
- der Träger eines Heims kann den Heimvertrag nur aus wichtigem Grund kündigen

Frage 437
Für welchen Bereich kann das zuständige Ministerium Mindestanforderungen gemäß Heimgesetz festlegen:

Räume
- Wohnräume
- Aufenthaltsräume
- Therapieräume
- Wirtschaftsräume
- sanitäre Anlagen

Personal
- Eignung des Leiters
- Eignung der Beschäftigten

Frage 438
Für welche Bereiche sieht die Heimmitwirkungsordnung Mitwirkungsrechte für den Heimbeirat vor:

- Aufstellung oder Änderung der Heimordnung
- Maßnahmen zur Verhütung von Unfällen
- Änderung der Heimkostensätze
- Planung und Durchführung von Veranstaltungen
- Freizeitgestaltung
- Betreuung, Pflege und Verpflegung
- Erweiterung, Einschränkung oder Einstellung des Heimbetriebes
- Zusammenschluß mit einer anderen Einrichtung
- Änderung der Art und des Zwecks der Einrichtung oder ihrer Teile
- umfassende bauliche Veränderungen oder Instandsetzungen der Einrichtung

Frage 439
**Personen, die ein Heim im Sinne des Heimgesetzes betreiben wollen, bedürfen der Erlaubnis.
Wann kann die Erlaubnis versagt werden:**

- wenn der Antragsteller die für den Betrieb des Heims erforderliche Zuverlässigkeit, insbesondere die wirtschaftliche Leistungsfähigkeit zum Betrieb des Heimes nicht besitzt
- wenn die ärztliche und pflegerische Betreuung nicht gesichert ist
- wenn die Zahl der Beschäftigten und ihre persönliche fachliche Eignung für die von ihnen ausgeübte Tätigkeit nicht ausreicht
- wenn das Heim den baulichen Mindestanforderungen nicht entspricht
- wenn die Prüfung der einzureichenden Unterlagen ergibt, daß zwischen gebotenen Leistungen und dem geforderten Entgelt ein Mißverhältnis besteht

Frage 440
**Die Heimmindestbauverordnung enthält bauliche Mindestanforderungen an Altenheime, Altenwohnheime und Pflegeheime für Volljährige, die in der Regel mindestens sechs Personen aufnehmen.
Nennen Sie kurz die wichtigsten Bestimmungen:**

Wohn- und Pflegeplätze
- müssen unmittelbar von einem Flur erreichbar sein

Beleuchtung
- Lichtschalter müssen ohne Schwierigkeiten zu bedienen sein
- in Treppenhäusern und Fluren muß bei Dunkelheit die Nachtbeleuchtung in Betrieb sein
- in Wohn-, Schlaf- und Gemeinschaftsräumen müssen Anschlüsse zum Betrieb von Leselampen vorhanden sein

Rufanlage
- Räume, in denen Pflegebedürftige untergebracht sind, müssen mit einer Rufanlage ausgestattet sein, die von jedem Bett aus bedient werden kann

Fernsprecher
- in jedem Gebäude muß mindestens ein Fernsprecher vorhanden sein, über den die Bewohner erreichbar sind und der von nicht bettlägerigen Bewohnern ohne mithören Dritter benutzt werden kann

Zugänge
- in Pflegeheimen und Pflegeabteilungen müssen die Türen zu den Pflegeplätzen so breit sein, daß durch sie bettlägerige Bewohner transportiert werden können

Wohnplätze
- müssen für eine Person mindestens einen Wohnschlafraum mit einer Wohnfläche von $12m^2$ umfassen
- müssen für zwei Personen mindestens einen Wohnschlafraum mit einer Wohnfläche von $18m^2$ umfassen
- für mehr als zwei Personen sind nur ausnahmsweise mit Zustimmung der Behörde erlaubt
- für mehr als vier Personen sind unzulässig

Funktions- und Zubehörräume
- ausreichende Kochgelegenheiten für die Bewohner
- Abstellraum für die Sachen der Bewohner
- Leichenraum

Gemeinschaftsräume
- mindestens ein Gemeinschaftsraum von $20 \ m^2$ Nutzfläche

Therapieräume
- mindestens ein Raum für Bewegungstherapie oder Gymnastik

Sanitäre Anlagen
- für jeweils bis zu acht Bewohnern muß im gleichen Geschoß mindestens ein Spülabort mit Handwaschbecken vorhanden sein
- für jeweils bis zu 20 Bewohnern muß im gleichen Gebäude mindestens eine Badewanne oder eine Dusche zur Verfügung stehen

Frage 441
Wann und an wen muß der Tod eines Menschen gemeldet werden:

- spätestens am folgenden Werktag
- an den Standesbeamten in dessen Bezirk der Mensch gestorben ist

---

Frage 442
Wer muß nach dem Personenstandsgesetz den Tod eines Menschen melden:

1. das Familienoberhaupt
2. derjenige, in dessen Wohnung sich der Sterbefall ereignet hat
3. jede Person, die bei dem Tode zugegen war oder von dem Sterbefall aus eigener Wissenschaft unterrichtet ist

Eine Anzeigepflicht besteht nur, wenn eine in der Reihenfolge früher genannte Person nicht vorhanden oder an der Anzeige verhindert ist.

Die Anzeige ist mündlich zu erstatten.

Frage 443
Wer ist bei einem Sterbefall im Altenpflegeheim zur Meldung nach dem Personenstandsgesetz verpflichtet:

Sterbefall in einem öffentlichen Altenpflegeheim
- ausschließlich der Leiter des Altenpflegeheimes oder ein von der Behörde ermächtigter Beamter oder Angestellter

privates Altenpflegeheim
- die zuständige Verwaltungsbehörde kann den Leiter eines privaten Altenpflegeheimes widerruflich zur Meldung ermächtigen
- in diesem Falle trifft die Anzeigepflicht ausschließlich den Leiter der Anstalt und im Falle der Verhinderung seinen allgemeinen Vertreter

Frage 444
Todesbescheinigung dürfen ausgestellt werden von:

O A) Ärzten
O B) Heilpraktikern
O D) Standesbeamten
O E) examinierten Altenpflegern
O F) Heimleitern

Frage 445
Der Tod eines Menschen ist dem Standesamt zu melden:

O A) nach den Bundesmeldevorschriften
O B) nach der Reichsmeldeordnung
O C) nach dem Ordnungsbehördengesetz
O D) nach dem Personenstandsgesetz

Frage 446
Wer kann eine zwangsweise Unterbringung eines Patienten in einer geschlossenen psychiatrischen Klinik beschließen:

O A) der Amtsarzt
O B) der Amtsrichter
O C) das Ordnungsamt
O D) die Heimleitung
O E) die Ärztekammer
O F) zwei unabhängige Psychiater

Frage 444 = A;   Frage 445 = D;   Frage 446 = B

III. Berufskunde

Frage 447
Nennen Sie die wesentlichen Regelungen des Rahmenvertrages von 1985 für die Ausbildung in der Altenpflege:

Ausbildungsziele
- Erwerb von Fähigkeiten und Kenntnissen zur eigenverantwortlichen Tätigkeit in Einrichtungen der offenen und stationären Altenpflege

Ausbildungsdauer
- 3 Jahre einschließlich der Berufspraktika

Zulassungsvoraussetzungen
- Hauptschulabschluß oder gleichwertige Ausbildung
- gesundheitliche Eignung

Ausbildungsinhalte
- Theoretischer Unterricht mindestens 1400 Unterrichtsstunden
  - Allgemeiner Bereich
  - Berufskunde
  - Gerontologie
  - Pflegerische Themen
  - Sozialpflegerisch-beratende Themen
- Praktische Ausbildung mindestens 1000 Stunden

Abschlußprüfung
- staatliche Prüfung (schriftlich, mündlich und praktisch)

Berufsbezeichnung
- staatlich anerkannte Altenpflegerin
- staatlich anerkannter Altenpfleger

Frage 448
Welche Weiterbildungsmöglichkeiten gibt es für Altenpflegerinnen / Altenpfleger

- Stationsleiterin / Stationsleiter
- Pflegedienstleiterin / Pflegedienstleiter
- Lehrerin für Altenpflege / Lehrer für Altenpflege (Unterrichtsaltenpfleger/in)
- Heimleiterin / Heimleiter
- Leitung einer Altentagesstätte

Frage 449
Nennen Sie die 5 Spitzenverbände der freien Wohlfahrtspflege:

- Arbeiterwohlfahrt
- Deutscher Caritasverband
- Deutsches Rotes Kreuz
- Deutscher Paritätischer Wohlfahrtsverband
- Diakonisches Werk der Evangelischen Kirche in Deutschland

Frage 450
Welche Berufsbezeichnungen sind gesetzlich nicht geschützt:

1) Stationsschwester
2) Lehrerin für Altenpflege
3) Oberschwester
4) Heimleiterin
5) Oberin
6) Pflegehelferin

O A) 1+3+5;   O B) 1+2+3+4+5+6;   O C) 4+5+6

Frage 451
Nennen Sie 4 Ziele des Deutschen Berufsverbandes für Krankenpflege:

- Verbesserung der Pflege
- staatliche Anerkennung von Fachausbildungen
- gesetzliche Anerkennung der Berufsausübung
- zentrale Registrierung von staatlich geprüften Pflegepersonen
- Verbesserung der Grundausbildung
- Vertiefung der Fort- und Weiterbildung
- Ausbau der Interessenvertretung seiner Mitglieder

Frage 450 = B

III. Berufskunde

Frage 452
Was bedeutet ganzheitliche Pflege:

- O A) Körper, Geist und Seele des Menschen sollen in der Pflege als Ganzes berücksichtigt werden
- O B) wenn ein Heimbewohner auf die Pflegestation verlegt wird, soll ihm das gesamte Spektrum der therapeutischen Möglichkeiten zugute kommen
- O C) eine Pflegeperson darf sich nur ausschließlich um einen Patienten kümmern
- O D) die Versorgung eines Heimbewohners durch Krankenschwestern aus dem Krankenhaus
- O E) die Versorgung eines Patienten im Krankenhaus durch seine Altenpflegerin von der Sozialstation

Frage 453
Der deutsche Berufsverband für Krankenpflege:

1) ist als deutscher Berufsverband im Weltbund der Krankenschwestern und Krankenpfleger vertreten
2) gehört zum Kaiserswerther Verband Deutscher Diakonissenhäuser
3) ist als Tarifpartner an den Tarifverhandlungen für das Altenpflegepersonal beteiligt
4) ist die Nachfolgeorganisation des Deutschen Berufsverbands für Altenpflege
5) ist Mitglied im DPWV (Deutscher Paritätischer Wohlfahrtsverband)

O A) 1+4+5;   O B) 1+5;   O C) 1+3+5;   O D) 2+3+4

Frage 452 = A;   Frage 453 = B

Frage 454
Richtige Aussagen zur WHO:

1) wird ausschließlich durch Spenden finanziert
2) ist eine Sonderorganisation der Vereinten Nationen
3) wird aus Beiträgen der Mitgliedsländer, Mitteln der UNO und Sonderfonds finanziert
4) der Gründungstag (7. April) gilt als Weltgesundheitstag
5) ist eine internationale Organisation des Entwicklungsdienstes

O A) 1+2;   O B) 2+3+5;   O C) 2+4+5;   O D) 2+3+4

Frage 455
Bei welchen Berufen ist die Tätigkeit an eine staatliche Erlaubnis gebunden:

1) Krankenschwester
2) Apotheker
3) Arzt
4) Altenpflegerin
5) Pflegedienstleitung
6) Heilpraktiker
7) MTA
8) Krankenpflegehelferin

O A) 1+2+3+4+6;   O B) 2+3+5+7;   O C) 2+3+6

Frage 454 = D;   Frage 455 = C

Frage 456
Nennen Sie die vier Schritte des Pflegeprozesses nach dem Modell der WHO:

1. **Festlegung des Pflegebedarfs des Bewohners**
   - Datensammlung
   - Informationssammlung
   - Erfassung der Probleme und Ressourcen
2. **Pflegeplanung**
   - Problemformulierung
   - Zielsetzung
   - Planung der Maßnahmen
3. **Durchführung der Pflege**
4. **Erfolgskontrolle und Feedback**
   - Auswertung
   - Beurteilung der Pflege

Frage 457
Nennen Sie 7 Quellen, die zur Ermittlung des Pflegebedarfs nutzbar sind:

- Beobachtungen, Wahrnehmungen am Bewohner
- Aussagen des Bewohners
- Erstgespräch mit dem Bewohner
- Aussagen der Angehörigen
- Aufnahmeformulare
- objektiv gemessene Daten (z.B. Puls, RR, Temperatur, Größe, Gewicht)
- ärztliche Anordnungen
- Verlegungsbericht

Frage 458
Eine ausgebildete Altenpflegerin darf:

O A) grundsätzliche keine intravenösen Injektionen verabreichen
O B) nur intramuskuläre und subkutane Injektionen verabreichen
O C) intravenöse Injektionen verabreichen, wenn das Medikament rezeptfrei ist

---

Frage 459
Merkmale der Funktionspflege sind:

1) tätigkeitsorientierte Einteilung der Arbeitsabläufe
2) Informationssammelpunkt ist die Stationsleitung
3) der Heimbewohner erfährt häufig Personalwechsel
4) alle, in der Pflege Tätigen, erledigen die Administration
5) die einzelne Altenpflegeperson hat stets einen umfassenden Überblick bezüglich aller Bewohner

O A) 1+2+3+5; O B 1+2+3; O C) 2+4+5; O D) 1+3+4

Frage 460
Nennen Sie Rahmenbedingungen, die für den Ablauf eines effektiven Übergabegesprächs wichtig sind:

- Anwesenheit aller an der professionellen Altenpflege beteiligten Personen
- Regelung des Außendienstes (Schelle, Telefon)
- die Absprache mit Funktionsdiensten um Störungen möglichst zu vermeiden
- Vorliegen der Dokumentationsmappen
- schichtüberschreitende Arbeitszeit

Frage 458 = A;   Frage 459 = B

Frage 461
Die Pflegedokumentation bezieht sich auf mehrere Bereiche. Nennen Sie diese:

- Informationssammlung (Datensammlung, Pflegeanamnese, fortlaufende Informationssammlung)
- Pflegebedarf des Heimbewohners (Probleme)
- Pflegeziele
- geplante Pflegemaßnahmen inklusive Hilfsmittel
- Durchführung der Pflegemaßnahmen
- Wirkung der Pflegemaßnahmen (Erfolgskontrolle)
- Beobachtung am Krankenbett
- Befinden und Zustand des Heimbewohners
- Reaktionen, ggf. Äußerungen des Heimbewohners
- objektive Meßwerte

Frage 462
Pflegeplanung umfaßt unter anderem:

1) geplante Arbeitsteilung unter den pflegerischen Mitarbeitern auf einer Station
2) zielorientiertes Arbeiten in der Altenpflege
3) Einbeziehung der Bedürfnisse des Bewohners in die Pflege
4) Dokumentation
5) logische, voneinader abhängige Überlegungs-, Entscheidungs- und Handlungsschritte

O A) 1+3+4;   O B 1+4+5;   O C) 1+4;   O D) 1+2   O E) 2+3+4+5

Frage 462 = E

Frage 463
Nennen Sie die Ziele des Deutschen Berufsverbandes für Altenpflege e.V. (DBVA)

- Menschlichkeit für Gepflegte und Pflegende
- die Weiterentwicklung des Berufsbildes
- Verbesserung des Personalschlüssels
- Mitwirkung bei der Regelung von Arbeits- und Ausbildungsbedingungen
- die bundeseinheitliche Regelung der 3-jährigen Ausbildungsordnung
- fachliche Fort- und Weiterbildung der Mitglieder
- Namensschutz
- Information der Öffentlichkeit über den Altenpflegeberuf
- Einführung einer Pflegerisikoversicherung

Frage 464
Wann wurde der Deutsche Berufsverband für Altenpflegekräfte gegründet:

Dezember 1974

Frage 465
Wann trat das erste Gesetz über Altenheime, Altenwohnheime und Pflegeheime für Volljährige in Kraft:

Januar 1975

Frage 466
Wann wurde die Rahmenvereinbarung über ein einheitliches Berufsbild für die Altenpflege von den zuständigen Fachministern der einzelnen Bundesländer getroffen:

Juli 1985

Bestellzettel

Ich/Wir bestellen aus dem

Brigitte Kunz Verlag, 58021 Hagen, Postfach 2147

		DM
_____	Expl. Altenpflegeexamen Band 1	29,80
_____	Expl. Altenpflegeexamen Band 2	29,80
_____	Expl. Altenpflegeexamen Band 3	29,80
_____	Expl. Altenpflegeexamen Band 4	26,90
_____	Expl. Rechts- und Staatsbürgerkunde für Altenpflegeberufe	28,00
_____	Expl. Basiswissen der Altenpflege	24,80
_____	Expl. Anatomie-Physiologie / Arbeitsbuch für Pflegeberufe	22,80
_____	Expl. Injektionsproblematik aus rechtlicher Sicht	21,00
_____	Expl. Betreuungs- und Unterbringungsrecht	28,00
_____	Expl. Übungshandbuch - Pflegeplanung in der Altenpflege	28,80
_____	Expl. Erkrankungen des alten Menschen	21,00
_____	Expl. Die Pflege des Menschen	49,80

Vorname: _____

Name: _____

Straße: _____

Ort:(   ) _____

Datum: _____ Unterschrift: _____

Altenpflegeliteratur

Bion, Stracke-Mertes
Fragen und Antworten zum mündlichen und schriftlichen Altenpflegeexamen
Band 1 224 Seiten, DM 29,80
Inhalt: Anatomie, Physiologie, Ernährungslehre, Hygiene, Arzneimittellehre
Band 2 232 Seiten, DM 29,80
Inhalt: Altenkrankenpflege und Krankheitslehre mit dem Schwerpunkt Geriatrie
Band 3 240 Seiten, DM 29,80
Inhalt: Alterspsychologie, Alterssoziologie, Sozialpsychologie, Geragogik
Band 4 192 Seiten, DM 26,90
Inhalt: Staatsbürgerkunde, Rechtskunde, Gesetzeskunde, Berufskunde

Mechthild Seel
Die Pflege des Menschen
- Gesundsein, Kranksein, Altern, Sterben, Beobachtung, Unterstützung bei den ATL, Pflegestandards -
450 Seiten DIN A 4, gebunden, mit über 200 Abb.; DM 49,80
Inhalt: In diesem Pflegelehrbuch werden sowohl gesundheitserhaltende und -fördernde Verhaltensweisen als auch die Pflege des alten und des kranken Menschen in sehr ausführlicher und verständlicher Form, anhand der ATL und mit über 200 Abb. dargestellt. Die einzelnen Kapitel werden durch Pflegestandards vervollständigt.

Schneider, Kunz
Basiswissen der Altenpflege
160 Seiten, DM 24,80
Inhalt: Systematische Darstellung der Beobachtung und Pflege alter Menschen

Steffen
Rechts- und Staatsbürgerkunde für Altenpflegeberufe
283 Seiten, DM 28,00
Inhalt: Staatsbürgerkunde, Begriffe des Rechts, strafrechtliche Vorschriften, zivilrechtliche Vorschriften, Arbeits- und Berufsrecht, Sozialrecht; Gesundheitsrecht, Heimrecht, Unterbringungsrecht, inklusive Recht nach dem Einigungsvertrag

Ursula Kriesten, Heinz-Peter Wolf
Übungshandbuch zur Pflegeplanung in der Altenpflege
227 Seiten DIN A4, DM 28,80
Ein sinnvolles Übungshandbuch für alle Pflegeinteressierten in der Altenpflege.
Inhalt: 16 Fallbeispiele aus dem Altenheim, dem Pflegeheim, dem gerontopsychiatrischen Pflegebereich, der Sozialstation und dem Kurzzeitpflegeheim.

Helke Lindloff
Erkrankungen des alten Menschen
Kurzgefaßtes Lehrbuch für die Altenpflegeausbildung
144 Seiten DM 21,00
Das Buch ist eine ideale Ergänzung zum Unterricht und leistet zur Examensvorbereitung wertvolle Hilfen.